© ANTONIO CARLOS GUIMARÃES JUNIOR, 2025
© BUZZ EDITORA, 2025

Publisher ANDERSON CAVALCANTE
Coordenadora editorial DIANA SZYLIT
Editor-assistente NESTOR TURANO JR.
Analista editorial ÉRIKA TAMASHIRO
Estagiária editorial BEATRIZ FURTADO
Preparação LÍGIA ALVES
Revisão LAILA GUILHERME, OLÍVIA TAVARES e VICTÓRIA GERACE
Projeto gráfico e diagramação OSMANE GARCIA FILHO
Capa RAFAELA MENDES
Imagens de miolo REPRODUÇÃO/ ANTONIO CARLOS GUIMARÃES JUNIOR
(exceto quando indicado na própria imagem)

Nesta edição, respeitou-se o novo Acordo Ortográfico da Língua Portuguesa.

Dados Internacionais de Catalogação na Publicação (CIP)
(Câmara Brasileira do Livro, SP, Brasil)

Guimarães Junior, Antonio Carlos
    Clínica escalável : bom para sua clínica. Melhor para o paciente. / Antonio Carlos Guimarães Junior. — 1ª ed. — São Paulo : Buzz Editora, 2025

ISBN 978-65-5393-388-0

1. Atenção Primária à Saúde 2. Clínica médica - Administração 3. Empreendedorismo 4. Serviços de saúde - Administração I. Título.

24-238853   CDD 362.1

Índice para catálogo sistemático:
1. Serviços de saúde : Administração   362.1

Eliane de Freitas Leite – bibliotecária – CRB-8/8415

Todos os direitos reservados à:
Buzz Editora Ltda.
Av. Paulista, 726, Mezanino
CEP 01310-100, São Paulo, SP
[55 11] 4171 2317
www.buzzeditora.com.br

Antonio Carlos Guimarães Junior

Clínica Escalável

Bom para sua clínica.
Melhor para o paciente.

Um modelo de empreendedorismo médico
baseado em recorrência e ecossistema

Dedico este livro ao meu pai, Antonio Guimarães, in memoriam, o herói da página 50, e à minha esposa, Bruna Guimarães. É impressionante a capacidade que ela tem de extrair a minha melhor versão.

A arte da medicina está em observar. Curar algumas vezes, aliviar muitas vezes, consolar sempre.
HIPÓCRATES

Sumário

Agradecimentos.. 11

Prefácio 15

Introdução 23
Para quem é este livro? · Cia do Médico

Primeira parte
MODELO DE NEGÓCIO E A "MECA" DO EMPREENDEDORISMO
EM SAÚDE

1. **Não ouse empreender sem um modelo de negócio** ... 35

2. **A perda do status de profissão liberal**................. 41
Quantos clientes você tem na sua clínica? · Identificando o problema para encontrar a solução

3. **Setor liberal tradicional: o paciente/cliente**........... 53

4. **A atenção primária na emergência**..................... 55

5. **Primeiro pilar: mix de modelos de remuneração médica** 63
   O segredo é a remuneração mista · Plano de assinaturas ou apenas um novo nome para a mesma coisa? · Medicina *concierge* · *Fee for service* (FFS) · Procrastinação · *Pre-paid/capitation* · *Bundled payments* · Recapitulando o nosso primeiro pilar

6. **Segundo pilar: economia da recorrência** 89
   Alinhamento perfeito · O cliente no centro da estratégia · Mas o que isso tem a ver com a saúde? · Modelos de relação médico-paciente · O custo de retenção do cliente (CRC) · O funil ampulheta · Estratégias práticas de retenção e barreiras de saída · Mitos e verdades sobre os cartões de descontos · O que penso sobre os cartões de descontos

7. **Terceiro pilar: compartilhamento de custos** 111
   Às vezes tudo que você precisa é pensar como cliente · Companhia do Médico: "Uma empresa feita de médicos" · Foi assim que médicos e empresas se tornaram nossos parceiros · Ponto de equilíbrio antecipado

8. **Quarto pilar: estratégia *asset light*** 121
   Um modelo muda tudo · Do médico ao paciente, todo mundo é nosso cliente

9. **Ecossistema de saúde escalável: a evolução da clínica médica** 125
   Você precisa de um produto de entrada · Como fidelizar esses pacientes? · A regra dos 7%-38%-55% · Estratégia RPS · Clínica tradicional versus ecossistema de serviços de saúde

Segunda parte
PRINCIPAIS INDICADORES DE *GROWTH MARKETING* PARA A SUA CLÍNICA

10. **Indicadores de desempenho e estratégias de *growth* para a sua clínica** 139
    De olhos nas KPIS · NPS (*net promoter score*) · LTV, CAC e ROI · Estratégia de crescimento número 1: reduza o seu CAC · Estratégia de crescimento número 2: aumente o seu LTV · Tempo de retenção · *Gross margin* (margem bruta ou margem de contribuição) · Métricas específicas da carteira recorrente · O que o *churn* indica e como evitá-lo na sua clínica?

11. **Principais conceitos e indicadores de marketing digital para a sua clínica** 157
    Taxa de conversão · Custo por *lead* (CPL) · Taxa de cliques (CTR) · Visualizações da página · *Member get member* (MGM)

Terceira parte
UMA REVISÃO SOB A ÓTICA DO MÉDICO COM MENTALIDADE EMPREENDEDORA

12. **Papo reto com os doutores** 171
    Um "quê" a mais · De "CRM" para CRM: a vantagem competitiva do médico empreendedor · O projeto-piloto · A armadilha do posicionamento · Consultório versus clínica · Ecossistema de serviços de saúde · Tenha liberdade financeira e de tempo · Quem foi que disse que empreender precisa ser uma jornada solo?

Posfácio: Sorvete de Morango 185

Agradecimentos

Ahhhhh, tem muita gente para entrar aqui. A primeira, mais uma vez, é a minha esposa, Bruna Guimarães. Foi ela a testemunha das minhas várias noites em claro anotando e adaptando os insights* de cada livro ou artigo que eu lia, de cada podcast que eu ouvia e de cada curso e mentoria que eu fazia.

Esses insights estão registrados em centenas de textos em meu bloco de notas, muitos dos quais perdi horas escrevendo e nem sempre foram conteúdos colocados em prática, pois eu, sem perceber, estava me entorpecendo com uma overdose de informações que geravam uma "obesidade mental", sem a devida organização dessas ideias em um modelo aplicável e replicável.

E foi aí que ela disse:

— Amor, por que você não escreve um livro?

Essa simples pergunta, carregada da certeza de que eu seria capaz de fazê-lo, despertou o autor que nem eu mesmo sabia que existia em mim.

Agradeço também ao meu filho, Antonio Neto, que, mesmo sem a idade necessária para entender, me inspira a ser um ser humano melhor a cada dia. É muito bom ser teu pai, moleque!

* Insight = percepção clara e intuitiva de algo que não era evidente.

Agradeço a Deus, pois Ele me deu o dom de compor. Eu adoro a sensação de criar letra e melodia do zero, mas entendo que estes são processos de escrita completamente distintos.

Eu tenho duas irmãs escritoras, Vanessa Guimarães e Aline Guimarães. Embora isso possa sugerir alguma hereditariedade com o dom da escrita, eu ainda assim nunca imaginei que escreveria um livro. Aproveito para agradecer a elas e à minha mãe, uma devoradora de livros que certamente foi quem plantou essa sementinha nos três filhos.

Agradeço ao Flávio Augusto da Silva, minha maior referência no empreendedorismo. A pessoa responsável por ampliar minha mentalidade empreendedora. Sou um cliente recorrente de todo o seu ecossistema de ensino e fui aluno da sua primeira turma de MBA. Mas foi das caixinhas de perguntas do seu Instagram que tirei os maiores insights para criar o meu modelo de negócio. Tenho um álbum de *prints* só desses insights em meu telefone.

Através do Flávio Augusto, tive acesso ao Anderson Cavalcante. Fui mentorado por ele no "Clube do Autor Best Seller" e, se hoje este livro existe, agradeço por sua generosidade e seu conhecimento compartilhado. Quando mandei a primeira versão para ele, fiquei semanas ansioso, sem saber se ele aprovaria. Até que, no dia do seu aniversário, quem ganhou o presente fui eu, pois justo nesse dia ele me mandou o feedback da sua leitura crítica, elogiando o meu livro. Gente! Era o Anderson Cavalcante que estava elogiando. Como assim?!

Agradeço também à Cinthia Dalpino e ao Gilberto Cabegi pela leitura crítica. Vocês conseguiram enxergar além das páginas, e eu acatei cada crítica com carinho e humildade, certo de que foram todas construtivas.

Agradeço ao meu sócio, Luiz Henrique. O cara da gestão. O mundo está cheio de empreendedores com ideias brilhantes, mas que não sabem gerir pessoas e assim acabam frustrados. É muita sorte tê-lo como sócio. Sem ele, provavelmente o projeto da Cia do Médico jamais sairia do papel e nenhum dos pilares apresentados neste livro estaria sendo aplicado.

Na minha opinião, toda sociedade deveria ter o cara do modelo de negócios, das ideias, da visão de futuro, crescimento e expansão, e o cara da gestão. Aquele que viabiliza que essas ideias sejam efetivamente colocadas em prática.

Gostaria de agradecer a todos os meus mentores e a todos os meus professores desde o ensino fundamental até a faculdade de medicina, incluindo os do MBA, e a cada palestrante dos cursos e imersões de que participei. Certamente tem um pouquinho de vocês em cada uma destas páginas.

Por fim, mas não menos importante, eu gostaria de agradecer a mim mesmo. Agradecer por eu ser um cara obstinado por novos aprendizados. Inconformado com a zona de conforto e resiliente, mesmo quando a vida nos lembra o quanto somos vulneráveis.

Enquanto escrevia este livro, fui diagnosticado com um câncer de reto.

Estou passando por um longo e doloroso tratamento, mas ainda assim inaugurei uma nova unidade da rede Cia do Médico, formatei a empresa para escalar no modelo de franquias, terminei o livro, entrei em outra mentoria individual com o Anderson Cavalcante e comecei a produzir conteúdo para encorajar médicos a empreenderem na medicina, levando uma vida com mais lucro e liberdade.

Foi exatamente essa liberdade que me permitiu ter tempo para cuidar da minha saúde neste momento tão delicado, sem sacrificar o meu negócio. Vendo tantos médicos sofrendo com burnout e insatisfeitos com a profissão, precisei validar e descobrir, na minha própria dor, que empreender na medicina faz bem para a saúde. Do médico, do paciente e, por que não, para a saúde financeira da empresa.

Prefácio

É inegável o quanto a medicina evoluiu tecnologicamente nos últimos anos. Mas lamentavelmente o serviço tem se tornado cada vez mais um bem de consumo e não mais uma experiência. Hoje, o paciente chega, passa a carteirinha do plano de saúde, paga pela consulta ou exame e pronto! O foco está na doença, e não mais no doente.

A maioria das clínicas acredita que quanto mais volume de atendimento mais faturamento a empresa vai ter, ignorando indicadores como NPS, LTV, CAC e a margem de contribuição dos seus serviços. Um atendimento particular isolado dificilmente tem ROI, e isso vale para um atendimento de R$ 100,00 ou para um de R$ 1.500,00.* Ou seja, escalar não é só sobre cobrar mais caro ou ter mais volume. O paciente que traz retorno financeiro para sua clínica — sim, precisamos falar sobre isso abertamente — é aquele que gosta, volta e se consulta mais vezes. Cada paciente é um cliente em potencial capaz de gerar LTV "infinito" para sua unidade, mas responda com sinceridade: o que você tem feito para manter esse paciente fidelizado?

---

* NPS, LTV, CAC e ROI são indicadores de desempenho para um modelo de negócio focado em crescimento. Eles serão detalhados no capítulo 10.

> **RACIOCINE COMIGO: SE UM PACIENTE DEIXOU DE IR À SUA CLÍNICA POR MAIS DE UM ANO, OU ELE MORREU, OU TROCOU DE CLÍNICA, OU ESTÁ PROCRASTINANDO PARA CUIDAR DA SUA SAÚDE. DEPENDENDO DO PACIENTE, UM ANO É ATÉ MUITO.**

É por isso que se a sua clínica quer ter um crescimento escalável, sendo remunerada de forma justa e com boa margem de lucro, é preciso ter uma abordagem proativa em relação aos cuidados dos pacientes. Não se deve abrir uma clínica ou um consultório e simplesmente esperar que os pacientes entrem pela porta. Atrair e fidelizar pacientes, gerando vínculo através de protocolos de atendimento contínuos é bom para a sua clínica e melhor para o paciente. É cuidar da saúde e da experiência dos seus pacientes de forma preventiva, contínua e recorrente, ainda que às vezes seu papel seja apenas o de consolar ou orientar a procura por um especialista.

Mas essa relação de confiança e referência é exatamente o que vem sendo deixado de lado na medicina moderna. Uma estratégia que vai na contramão das demandas e das expectativas de um cliente cada vez mais consciente e exigente.

Uma coisa é verdadeira: nem toda especialidade ou serviço de saúde fideliza pacientes. Às vezes o atendimento é de fato transacional e único: uma abordagem reativa a algum quadro agudo que requer um diagnóstico ou um tratamento mais imediato, pontual e específico.

Isso geralmente é o que acontece nas emergências ou nos níveis referenciados da atenção secundária ou terciária, que, apesar de especializados, geralmente são complementares a um atendimento primário que exigiu um parecer mais detalhado. E não há nada de errado com isso. Na medicina existem serviços com abordagens diferentes para um mesmo fim, que é cuidar da saúde dos seus pacientes alcançando bons resultados, seja na prevenção ou na cura de uma doença específica.

Mas na Atenção Primária à Saúde (APS), um dos temas centrais deste livro, os cuidados preventivos e de manutenção da saúde são os que norteiam a prática médica, e com isso a clínica e os profissionais que atuam nesse nível de atenção devem dividir a responsa-

RACIOCINE COMIGO: SE UM PACIENTE DEIXOU DE IR À SUA CLÍNICA POR MAIS DE UM ANO, OU ELE MORREU, OU TROCOU DE CLÍNICA, OU ESTÁ PROCRASTINANDO PARA CUIDAR DA SUA SAÚDE. DEPENDENDO DO PACIENTE, UM ANO É ATÉ MUITO.

bilidade dessa busca constante com o próprio paciente, e essa relação contínua é essencial para alcançar os resultados esperados. Um modelo de relação médico-paciente contratualista, que compartilha responsabilidades e tem a adesão e a participação ativa do paciente no tratamento (preventivo ou curativo) em longo prazo.

É preciso elevar a consciência do paciente sobre a nova forma de consumir os serviços de saúde. Não é possível gerar adesão a um tratamento indo ao médico uma vez a cada 6 meses, ainda que seja uma consulta de 1 hora. Não é assim que se cuida da saúde de forma preventiva quando se busca uma academia, por exemplo. O que gera adesão é o vínculo. E vínculo é recorrência e não tempo de consulta.

Perceba que quem busca a APS é uma segmentação de pacientes com expectativas específicas e distintas, o que exige uma relação médico-paciente completamente diferente também. Isso influencia muito no seu modelo de negócio.

SE VOCÊ RESOLVEU EMPREENDER, PRECISA ENTENDER QUAL SERÁ O SEU PÚBLICO ENDEREÇÁVEL. QUAIS SÃO AS DEMANDAS E AS EXPECTATIVAS DESSE CLIENTE. SE VOCÊ VAI CONSEGUIR VENDER O SEU SERVIÇO DIRETAMENTE AO PACIENTE OU SE VAI SEMPRE DEPENDER DO PLANO DE SAÚDE OU DO SISTEMA PÚBLICO.
Enfim, ignorar esse estudo de viabilidade é um erro fatal, e, acredite, isso é mais comum do que parece.

Nos mais de dez anos em que trabalhei como plantonista de terapia intensiva, conheci apenas dois médicos intensivistas. A esmagadora maioria que dava plantões comigo tinha outras especialidades, inclusive os chefes de serviço. Eles faziam plantões para complementar a renda, pois não conseguiam viver da especialidade que escolheram. Essa é uma realidade cada vez mais comum na rotina de um médico. Pior ainda é quando em alguns casos a especialidade está nas mãos de um ou dois grupos que já dominam o mercado, impedindo que o médico consiga ser autônomo. Nesse caso, ou ele trabalha para um deles ou realmente só lhe sobra a "estabilidade" dos plantões cada vez mais concorridos e mal remunerados.

Dados levantados pelo Conselho Regional de Medicina do Estado de São Paulo (Cremesp) mostram que 27% dos médicos estão insatis-

OS MÉDICOS QUE NÃO ENXERGAM A MEDICINA COMO UM NEGÓCIO QUE PRECISA DAR LUCRO, TRABALHAM PARA O EMPRESÁRIO QUE ENXERGOU.

feitos, e estima-se que mais de 20% abandonam a profissão após dez anos de formados. Isso demonstra uma crescente divergência entre a expectativa com a carreira e a realidade do mercado de trabalho.

Ainda assim, talvez você queira ignorar todos esses dados e se especializar apenas por vocação ou identificação com uma determinada especialidade. Ok. **NEM TODO MÉDICO PRECISA EMPREENDER. MAS ESTE LIVRO É PARA AQUELES QUE QUEREM. É PARA OS QUE ENXERGAM QUE É POSSÍVEL TER UMA MENTALIDADE EMPREENDEDORA AO MESMO TEMPO QUE ENTREGAM MAIS VALOR AOS SEUS PACIENTES DE FORMA GENUINAMENTE ÉTICA. OS MÉDICOS QUE NÃO ENXERGAM A MEDICINA COMO UM NEGÓCIO QUE PRECISA DAR LUCRO, TRABALHAM PARA O EMPRESÁRIO QUE ENXERGOU.** E a verdade é que esse empresário nem precisa ser médico.

Basicamente, existem duas formas de empreender na medicina e, assim, se libertar dos plantões e do assédio dos planos de saúde, se concentrando no atendimento a pacientes particulares:

1. Ser um médico de consultório *high ticket*;
2. Ter uma clínica e se dedicar a um modelo escalável, acessível e recorrente, utilizando como "produto" de entrada a APS.

Curiosamente, a APS nem exige tantas especializações. A própria atuação do médico generalista ou de um recém-formado muitas vezes já é suficiente para entregar valor nesse nível, que serve como porta de entrada do paciente e da sua família no sistema de saúde e que envolve prevenção, promoção e cuidados básicos de saúde.

Tem muito mais pacientes precisando de tratamento para sobrepeso, diabetes ou hipertensão do que para a implantação de um marca-passo, por exemplo. Por isso, a solução para melhorar a performance da sua clínica nem sempre é ter um serviço cada vez mais especializado. Uma regra de ouro no empreendedorismo é não procurar clientes para suas soluções, mas sim oferecer soluções para os seus clientes. Nesse quesito a APS é um "produto" de massa.

O mercado da saúde vive uma carência do básico bem-feito, e, em vez de entregar soluções mais fáceis e custo-efetivas para milhares de pacientes ávidos por cuidados preventivos da atenção primária, a maioria dos profissionais e clínicas disputa uma fatia menor de pacientes para a oferta de serviços cada vez mais especializados e caros. **PREVENIR NÃO É SÓ MELHOR DO QUE REMEDIAR. É TAMBÉM MAIS BARATO PARA O PACIENTE E MAIS ESCALÁVEL E LUCRATIVO PARA A SUA EMPRESA.** Se você quer ter uma clínica escalável, nunca se afaste da atenção primária. Melhor ainda se puder agregar os outros níveis dentro de um ecossistema de soluções em saúde.

Ter uma clínica não é muito diferente do sistema de saúde como um todo. A atenção primária será sempre a porta de entrada para a jornada de qualquer paciente. Se você não tem essa solução no seu modelo de negócio, se você não abre essa porta na sua clínica, o paciente nunca será seu cliente.

E na jornada do seu paciente? Você sabe qual é a sua porta de entrada?

PREVENIR NÃO É SÓ MELHOR DO QUE REMEDIAR. É TAMBÉM MAIS BARATO PARA O PACIENTE E MAIS ESCALÁVEL E LUCRATIVO PARA A SUA EMPRESA.

Introdução

Engana-se quem acha que ter uma clínica lucrativa é exclusividade de um médico "celebridade" que atende pacientes *high ticket* da classe A.

Neste livro eu vou compartilhar a minha experiência de ter uma clínica com oito dígitos de faturamento anual, atendendo majoritariamente pacientes da classe C de forma contínua em especialidades básicas da atenção primária (médicos de referência) e secundária. A combinação perfeita da escalabilidade com o *low-hanging fruit*.

Quando comecei a escrever este livro, eu tinha apenas 371 seguidores no meu Instagram, e nunca tive uma página no LinkedIn. Definitivamente não sou um médico "celebridade"! Meu foco sempre foi escalar meu CNPJ e nunca meu CPF.

Eu não tenho clínicas em bairros chiques como Alphaville ou na Barra da Tijuca. As minhas ficam no subúrbio do Rio de Janeiro, nos bairros de Bangu e Realengo, bem longe dos holofotes e de onde circulam artistas e influenciadores que poderiam me ajudar a ter mais audiência, impactando na aquisição de novos clientes.

Com investimentos 100% *bootstrapping*,* inauguramos quatro unidades em menos de quatro anos, incluindo uma unidade modelo

* *Bootstrapping* = fazer negócios com recursos próprios.

com 2 mil metros quadrados de área construída em Campo Grande, o maior e mais populoso bairro do Brasil, localizado na zona oeste do Rio de Janeiro.

O que eu pretendo alcançar com este livro é o entendimento pelo leitor de que o mercado da APS no Brasil tem mais de 200 milhões de oportunidades. São 170 milhões só de pessoas que dependem exclusivamente do SUS. **O MODELO HEGEMÔNICO DE REMUNERAÇÃO *FEE FOR SERVICE** (FFS) NA SAÚDE PRIVADA ACABA SENDO EXCLUSIVIDADE DE UMA PEQUENA ELITE QUE TEM PLANO DE SAÚDE OU PODE PAGAR POR UMA CONSULTA PARTICULAR DE ROTINA. E EXATAMENTE POR ISSO NÃO FUNCIONA PARA A GRANDE MAIORIA DAS PESSOAS.**

Foi observando esse cenário específico da APS, e como a classe A vem mudando o comportamento de consumo desses serviços cada vez menos pontuais, por protocolos que melhoram o vínculo e a adesão com os seus médicos de referência, impactando no resultado e até na redução de custos no longo prazo, que eu percebi que pequenos ajustes nos modelos de remuneração poderiam entregar essa mesma solução dos mais ricos para as classes C e D, alcançando um público endereçável muito maior. Esses ajustes, além de escala e diversificação de receitas para as clínicas, solucionariam uma dor de milhões de brasileiros: a falta de acesso a serviços de saúde de qualidade.

O que eu descobri durante o processo?

A dificuldade desse acesso está muito mais atrelada aos modelos engessados de remuneração médica e seus diferentes impactos no volume de serviços prestados, na qualidade e na maior ou menor equidade e integralidade de acesso, do que ao preço cobrado por ele. Uma coisa é inegável: cada modelo de remuneração médica atende melhor a uma segmentação específica de pacientes.

Este livro será dividido em três partes.

A primeira aborda o modelo de negócio que vai ajudar a criar e escalar o seu próprio ecossistema de serviços de saúde, libertan-

---

* *Fee for service* = pagamento por procedimento.

do você do assédio e da dependência exclusiva dos convênios. Um método que vai reduzir o seu custo operacional, aumentando a sua margem e a escala, ao mesmo tempo que gera mais valor e equidade para os seus pacientes de forma genuinamente ética.

Na segunda parte vou falar dos principais indicadores de desempenho de um modelo centrado em recorrência e de como fidelizamos pacientes para o nosso ecossistema todos os dias, apresentando uma estratégia que eu criei e promete maximizar o LTV/CAC* da sua clínica.

Por fim, farei uma revisão de todo esse modelo sob a ótica do médico com mentalidade empreendedora.

ESSE É UM MODELO GANHA-GANHA, E O PACIENTE ESTÁ NO CENTRO DE TODA A ESTRATÉGIA, INCLUSIVE PARA INDICAR NOSSOS SERVIÇOS, O QUE SÓ ACONTECE QUANDO ELE REALMENTE PERCEBE VALOR NO SEU ATENDIMENTO — E ISSO NÃO É SÓ SOBRE TER O SEU PROBLEMA MÉDICO RESOLVIDO.

Se o seu único objetivo é ganhar mais dinheiro aprendendo a cobrar mais caro numa consulta, você está lendo o livro errado. Este livro não é sobre posicionamento e influência. É sobre um modelo de negócio escalável, baseado em recorrência e ecossistema, que amplia e facilita o acesso aos serviços da sua clínica.

Pode parecer contraintuitivo financeiramente para uma clínica privada adotar um modelo que busque melhor resultado para os pacientes com menores custos. No curto prazo, sim. Mas o segredo desse modelo está no poder de escala de pacientes fidelizados e cada vez mais satisfeitos, engajados e com seus resultados alcançados.

Quanto melhor a relação de longo prazo da sua clínica com o paciente, maior o retorno sobre o seu investimento. Isso é possível e mensurável, e eu vou mostrar como a partir de agora.

---

* LTV/CAC = relação que mede o retorno sobre o seu investimento, comparando o faturamento de um cliente na linha do tempo (LTV) e o custo para a aquisição desse cliente (CAC).

ESSE É UM MODELO GANHA-GANHA, E O PACIENTE ESTÁ NO CENTRO DE TODA A ESTRATÉGIA, INCLUSIVE PARA INDICAR NOSSOS SERVIÇOS, O QUE SÓ ACONTECE QUANDO ELE REALMENTE PERCEBE VALOR NO SEU ATENDIMENTO — E ISSO NÃO É SÓ SOBRE TER O SEU PROBLEMA MÉDICO RESOLVIDO.

PARA QUEM É ESTE LIVRO?

Este livro é para profissionais de saúde, empresários, médicos (inclusive recém-formados) e estudantes de medicina que desejam ter uma clínica escalável e assim viver com lucro e liberdade.

Incluí os estudantes de medicina e os médicos recém-formados como leitores-alvo porque eu acredito fortemente que o modelo de empresa que eles pretendem ter no futuro influencia até mesmo na residência médica que vão escolher ou não fazer. Para o médico que decidiu empreender, habilidades de gestão podem ser mais importantes que a sua formação técnica.

No capítulo final, vou ter um "papo reto com os doutores", pois como médico me sinto na obrigação de defender meu ponto de vista, não em relação à escolha da sua especialidade, mas sim do que para mim é o único modelo de negócio realmente capaz de gerar lucro e liberdade para o médico. Por enquanto, siga a leitura e se imagine como o empresário que você quer se tornar.

Para tanto, algo importante a lembrar é que empreender é solucionar problemas. Quanto mais problemas um país tem – e o Brasil está cheio deles –, mais oportunidades de negócios aparecem diante de nós.

Só não confunda o conceito anterior com solucionar os seus próprios problemas. Existem várias mentorias direcionadas exclusivamente para que os médicos melhorem seu *personal branding** e aumentem o faturamento do seu consultório com isso, elevando o valor das consultas. Não existe nada de errado em querer faturar mais – isso todo empreendedor quer –, mas, se você é médico, pergunte a si mesmo:

Qual o problema que estou resolvendo na vida das pessoas?

Será que dominar ferramentas para alavancar a sua agenda e atrair pacientes *high ticket* de fato estaria resolvendo algum problema de saúde coletiva?

* *Personal branding* = autoridade de uma marca pessoal.

Se a resposta é um "não" óbvio, o máximo que você vai conseguir como empreendedor médico é largar os seus plantões e trabalhar com mais autonomia e flexibilidade para um público particular nichado e elitizado, quase sempre limitado aos horários livres da sua própria agenda. Vai ficar rico, é bem provável. Mas, sem crescimento escalável, o que você tem é um *lifestyle business*!*

Não confunda o seu consultório com um negócio em saúde, ainda que você já tenha um faturamento acima da média. A verdadeira escala e sustentabilidade de um modelo capaz de gerar valor e *equity*** para sua clínica não está na sua expertise de médico e empreendedor (ainda naturalmente envolvido na prestação de serviços da sua empresa), mas sim na diversificação de nichos e receitas que só o empresário que administra ativos e pensa em diferentes soluções e estratégias para o seu negócio consegue proporcionar.

Um empresário precisa ser estratégico, e mesmo que você já seja um médico bem-sucedido na carreira, se pretende escalar o seu negócio, não recomendo um modelo que dependa exclusivamente das suas horas trabalhadas para gerar receita. Esse modelo pode até dar lucro, mas jamais vai te dar liberdade financeira e de tempo, as verdadeiras riquezas de um empresário.

Apesar de os termos serem usados frequentemente de forma intercambiável, a diferença entre empreendedor e empresário está na fase em que o negócio se encontra e na dependência da atuação operacional do dono, que à medida que o seu negócio cresce tende a assumir um papel mais estratégico.

O CARÁTER PERSONALÍSSIMO DE NEGÓCIOS TOCADOS POR EMPREENDEDORES DIFICILMENTE TEM ESCALA. ESSA É A PRIMEIRA COISA QUE VOCÊ DEVE EVITAR SE QUISER TER UMA CLÍNICA ESCALÁVEL. SEJA MENOS EMPREENDEDOR E MAIS EMPRESÁRIO.

E aí, em que fase você se encontra?

---

*   *Lifestyle business* = um negócio que sustenta o estilo de vida do dono. Sem foco em crescimento.
**   *Equity* = participação acionária/ patrimônio líquido de uma empresa.

O CARÁTER PERSONALÍSSIMO DE NEGÓCIOS TOCADOS POR EMPREENDEDORES DIFICILMENTE TEM ESCALA. ESSA É A PRIMEIRA COISA QUE VOCÊ DEVE EVITAR SE QUISER TER UMA CLÍNICA ESCALÁVEL. SEJA MENOS EMPREENDEDOR E MAIS EMPRESÁRIO.

CIA DO MÉDICO

Eu adoro nomes que contextualizam adequadamente a identidade e o propósito daquilo que está sendo nomeado.

Sempre fui um aficionado por criar esses nomes. Geralmente faço um brainstorming longo pensando na pronúncia, na escrita fácil, na mensagem que se deseja transmitir, no público-alvo, além de esperar que seja único e fácil de ser lembrado.

Para mim, a concepção de um nome é tão importante e estratégica quanto o próprio produto ou serviço que será oferecido. Levo isso tão a sério que já desisti de alguns projetos por não encontrar um nome que os retratasse fielmente.

Com a Cia do Médico consegui algo que foi além de todas as minhas expectativas: o duplo significado da palavra Cia (abreviação de companhia).

1. Companhia do Médico = Empresa feita de médicos.
2. Companhia do Médico = Ação do médico que acompanha ou está junto de seus pacientes.

Esse nome é o nosso DNA e reforça o propósito inabalável da nossa empresa: a troca do caráter personalíssimo de um empreendedor por uma empresa em que cada médico é protagonista e parte de um ecossistema muito mais amplo; e o tipo de atendimento contínuo com os médicos de referência que são companhia para os nossos pacientes.

A esta altura, já nem sei se o nome nasceu do propósito ou se o propósito renasceu do nome. Mas tenho certeza de que ele já te ajudou a entender o modelo que está por vir.

08/08/2008

Eu me lembro como se fosse hoje. Nesse dia, eu estava cortando a fitinha vermelha da minha primeira tentativa de empreender como médico. Na época, eu e meu sócio não tínhamos a menor ideia do que estávamos fazendo. Mas nada poderia dar errado. Afinal, éramos médicos.

Mas será que na prática foi mesmo assim?

Pois é. Nem o número cabalístico da nossa data de inauguração representando o infinito e a prosperidade conseguiu nos ajudar naquele projeto. De infinito mesmo, só os problemas que iam se acumulando a cada mês. A situação foi ficando insustentável até que fechamos as portas em menos de um ano e vendemos todo o equipamento por cerca de 20% do valor.

O que eu fiz na sequência? O que todo médico faz e acredita ser a única coisa capaz de dar "estabilidade" à sua carreira. Comecei a trabalhar em plantões de emergência e terapia intensiva, onde permaneci por quase dez anos. Mas em experiências como essas a gente nunca perde. Ou a gente ganha ou aprende. E o que aprendi é exatamente o que quero ensinar a partir de agora.

PRIMEIRA PARTE

MODELO DE NEGÓCIO E A "MECA" DO EMPREENDEDORISMO EM SAÚDE

1.

Não ouse empreender sem um modelo de negócio

Sua clínica é boa, seu modelo que é ruim.

Um modelo de negócio é essencial para o sucesso de qualquer empresa.

"Sua clínica é boa, seu modelo que é ruim" é uma provocação para o empreendedor que acha (assim como eu achava) que ter um corpo clínico capacitado é o suficiente para ter crescimento e sustentabilidade da sua prática médica.

SEM UM MODELO DE NEGÓCIO BEM ESTRUTURADO, A SUA CLÍNICA PODE ESTAR NA UTI. E DESSA VEZ NÃO É O MÉDICO QUE VAI TE SALVAR.

É importante considerar que um modelo de negócio é uma estrutura viva e pode ser ajustado ao longo do tempo para melhorar a performance da sua empresa. À medida que as condições de mercado mudam, novas tecnologias surgem ou as necessidades dos clientes evoluem, é importante que as empresas revisem e atualizem os seus modelos de negócio para se manterem competitivas. A capacidade de adaptação rápida é uma das características mais importantes para manter a sua empresa sempre relevante e lucrativa. Às vezes são pequenos ajustes nos seus processos internos que permitem oferecer um mesmo serviço de forma mais eficaz e eficiente.

SEM UM MODELO DE NEGÓCIO BEM ESTRUTURADO, A SUA CLÍNICA PODE ESTAR NA UTI. E DESSA VEZ NÃO É O MÉDICO QUE VAI TE SALVAR.

Nada mudou tanto quanto o mercado de saúde dos últimos vinte a trinta anos. Novos desafios têm gerado novas oportunidades. E, mesmo que você tenha o melhor serviço e conhecimento técnico, isso não é garantia de sucesso.

Identifique um problema que você ou a sua clínica possa resolver na vida do seu paciente e ajuste o seu modelo de negócio para fazer isso de forma estratégica, garantindo crescimento e sustentabilidade no longo prazo.

Estes são apenas alguns dos elementos essenciais na estruturação do modelo de negócio de uma clínica:

1. Proposta de valor: é a promessa da sua clínica. Os seus benefícios e os diferenciais de mercado. As especialidades e os serviços que você atende, sua equipe multidisciplinar, serviços da atenção primária, secundária, horários de atendimento, acessibilidade, facilidades de agendamento, entrega de resultados, tecnologia de ponta, tempo de espera etc.
2. Segmento de clientes: grupo ou subgrupos que a sua clínica pretende atender. Isso pode variar de acordo com o serviço e o modelo de remuneração. Adultos, crianças, idosos, diferentes classes sociais, particulares, convênios, *high ticket* etc.
3. Canais de atendimento: presencial, on-line (telemedicina), cuidado domiciliar (*home care*) etc.
4. Relacionamento com o cliente: define como a sua empresa interage e se relaciona com os seus clientes. Invista em um canal de *customer experience* (Cx)* na sua clínica e tenha uma gestão de relacionamento personalizada com o paciente, que transmita empatia, supere expectativas e solucione problemas. O seu cliente precisa amar a sua clínica. **MARCAS ÚTEIS TÊM CONCORRÊNCIA. MARCAS AMADAS, NÃO.**
5. Fontes de receita: sempre que possível, é importante diversificar. Como você verá mais à frente, o nosso modelo de negócio pro-

* *Customer experience* (Cx) = estratégia para melhorar o relacionamento com o cliente.

MARCAS ÚTEIS TÊM CONCORRÊNCIA. MARCAS AMADAS, NÃO.

põe a diversificação de receitas como estratégia de crescimento e sustentabilidade: isso vai desde o pagamento por procedimento, passando pelo recorrente, por pacotes de serviços, atendimentos particulares e contratos com planos de saúde, até as receitas B2B com sublocação de horários e de espaços corporativos (coworking médico) para os serviços que não sejam o nosso negócio principal. No nosso modelo de negócio eu costumo dizer que, **"do médico ao paciente, todo mundo é nosso cliente"**.

6. **Planejamento tributário**: os impostos que serão aplicados ao seu modelo de negócio. Clínicas médicas, odontológicas, laboratórios e mais de cinquenta atividades relacionadas à saúde têm redução de impostos (CSLL e IRPJ) e em alguns casos até de ISS, mas acredite se quiser: a maioria dos médicos com quem eu converso nunca nem ouviu falar disso! A redução global pode ultrapassar 10%. Mesmo na proposta da nova reforma tributária já existe previsão de redução de 60% da alíquota do IVA. Aliás, esse é um grande atrativo para investir e empreender no mercado de saúde. Pesquise sobre alíquota de equiparação hospitalar e faça as contas.

Quadro 1.1 Redução legal dos tributos para clínicas e laboratórios médicos

Tributo	Alíquota	Carga tributária sem equiparação a hospitais (base de 32% para IRPJ e CSLL)	Carga tributária com equiparação a hospitais (base de 8% para IRPJ e 12% de CSLL)
IRPJ	15%	4,80%	1,20%
IRPJ adicional	10%	até 3,15%	até 0,75%
CSLL	9%	2,88%	1,08%
PIS e Cofins	3,65%	3,65%	3,65%
TOTAL		**até 14,48%**	**até 6,68%**
Possibilidade de economia de até 7,80%			

Cofins: Contribuição para o Financiamento da Seguridade Social; CSLL: Contribuição Social sobre o Lucro Líquido; IRPJ: Imposto de Renda da Pessoa Jurídica.

FONTE: portaltributario.com.br. Acesso em: 26 ago. 2024.

7. **Análise de mercado e concorrência:** onde abrir a sua clínica, perfil demográfico do seu cliente ideal, demanda local, regulamentação, precificação competitiva, estratégias para se diferenciar etc.

A lista é longa e ainda deveria incluir outros elementos que, embora não façam parte do seu negócio principal, ajudam na performance da sua clínica, como:

- estratégia de marketing;
- estratégia de vendas;
- *branding*;
- liderança;
- gestão;
- cultura organizacional;
- parcerias comerciais;
- estruturação de ativos etc.

UM ESTUDO DETALHADO DO MODELO DE UM NEGÓCIO PODE TE POUPAR DE UMA PERDA FINANCEIRA AO ENTREGAR UMA ANÁLISE DE VIABILIDADE QUE IDENTIFIQUE RISCOS.

O CONTRÁRIO TAMBÉM É POSSÍVEL, E VOCÊ PODE TER INSIGHTS PARA CRIAR UM SERVIÇO INOVADOR A PARTIR DA ANÁLISE DE UM MODELO JÁ EXISTENTE.

No contexto da prestação de serviços médicos, habilidades técnicas são fundamentais para um cuidado de qualidade com os pacientes. Mas isso é quase uma obrigação. O verdadeiro sucesso da sua clínica depende de muito mais que isso.

Você vai perceber que os pilares do nosso modelo de negócio não contemplam essas habilidades técnicas e específicas. São conceitos generalistas já existentes, mas que foram combinados de forma estratégica para resolver um problema identificado.

2.
A perda do status de profissão liberal

QUANTOS CLIENTES VOCÊ TEM NA SUA CLÍNICA?

Se eu fizesse essa mesma pergunta em uma academia, certamente o empresário saberia respondê-la. Um rápido acesso ao sistema e ele me daria a quantidade exata de clientes ativos naquela unidade.

Mas e você, dono de uma clínica?

Qual critério você usaria para me dar essa resposta? Provavelmente nenhum, porque ela não existe. E ela só não existe porque você não fideliza os seus pacientes.

Ter uma clínica assim é como ter uma academia sem matrículas e acreditar que os clientes simplesmente entrarão pela porta todos os dias.

Isso simplesmente não vai funcionar.

SE VOCÊ QUER TER UMA RECEITA PREVISÍVEL COM PACIENTES PARTICULARES NA SUA CLÍNICA, PRECISA TER ALGUM PACOTE DE SERVIÇOS QUE SEJA RECORRENTE E QUE FIDELIZE ESSES PACIENTES. ENFIM, O QUE VOCÊ PRECISA É TER CLIENTES. E QUEM TEM CLIENTE, TEM TUDO.

Os médicos e as clínicas estão perdendo a sua autonomia exatamente porque não são mais donos dos seus pacientes. É assim para o médico do serviço público, para o dono de consultório que atende planos de saúde e, pior ainda, para uma clínica que perigosamente

SE VOCÊ QUER TER UMA RECEITA PREVISÍVEL COM PACIENTES PARTICULARES NA SUA CLÍNICA, PRECISA TER ALGUM PACOTE DE SERVIÇOS QUE SEJA RECORRENTE E QUE FIDELIZE ESSES PACIENTES. ENFIM, O QUE VOCÊ PRECISA É TER CLIENTES. E QUEM TEM CLIENTE, TEM TUDO.

tem alto investimento em ativos sustentado por contratos arriscados com esses tomadores de serviços, que são os verdadeiros donos daqueles pacientes.

Vamos tentar entender esse problema.

IDENTIFICANDO O PROBLEMA PARA ENCONTRAR A SOLUÇÃO

O setor liberal tradicional da medicina privada praticamente não existe mais no Brasil.

Dados levantados pelo Cremesp mostram que apenas 2% dos médicos atuam exclusivamente para pacientes particulares. É uma elite de médicos *high ticket* cada vez mais reduzida. Antes da chegada dos planos de saúde esse número era de cerca de 80%.*

Quando eu era criança, lembro de ser atendido com frequência em uma clínica pediátrica no bairro de Campo Grande, chamada Urgil. O dono era o pediatra dr. Sebastião Constantin. Era uma clínica médica ambulatorial com uma estrutura de pronto atendimento, onde os pais conseguiam que seus filhos fossem atendidos na imensa maioria das demandas de urgência infantil.

O que essa clínica em plena década de 1980 tinha de tão especial, que na minha opinião é exatamente o que falta no mercado da atenção primária nos dias de hoje?

A resposta está na autonomia e na geração de valor para os clientes: centralidade no paciente, eficiência de resultados, qualidade, segurança e equidade.

Os médicos e as clínicas não eram dependentes dos planos de saúde. A medicina era uma referência em status de profissão liberal, e esses modelos de clínicas tinham total autonomia sobre aquilo que cobrariam dos seus pacientes. Não existia intermediação.

---

* A MEDICINA COMO PROFISSÃO LIBERAL JÁ DEIXOU DE EXISTIR NO BRASIL. PORTAL CRM-PR. Disponível em: https://www.crmpr.org.br/A-medicina-como-profissao-liberal-ja-deixou-de-existir-no-Brasil-13-796.shtml. Acesso em: 26 ago. 2024.

OS SERVIÇOS ERAM MAIS ACESSÍVEIS, QUALQUER QUE FOSSE A CLASSE SOCIAL. TODOS TINHAM ACESSO A UM MESMO SERVIÇO CLASSE A, COM PREÇO DE CLASSE B E CONDIÇÕES DE PAGAMENTO PARA AS CLASSES C E D. E assim os pacientes particulares conseguiam resolver grande parte dos seus problemas de saúde sem depender do Estado.

Mas como a saúde suplementar – que atende somente 24% da população brasileira* – interfere tanto na oferta de serviços médicos, extrapolando para o setor liberal tradicional?

Isso acontece devido às barreiras financeiras e estruturais que as novas políticas de pagamento causaram no mercado. Fazendo um paralelo com vendas, trabalhar exclusivamente com pacientes de planos de saúde tem CAC zero e volume alto. Com a clínica lotada e sendo bem remunerada, quem é que iria se preocupar com geração de demanda e os custos inerentes a isso?

> *A atual política de pagamento é um dos fatores que influenciam, de forma relevante, na forma como os estabelecimentos e os profissionais de saúde prestam cuidado aos seus pacientes.***

E foi assim que aconteceu. No início os prestadores de serviços surfaram nessa nova onda da intermediação, e o modelo de pagamento por procedimento baseado em volume virou uma verdadeira mina de ouro para as empresas credenciadas. Não havia o menor incentivo financeiro para mudar esse cenário a curto prazo. Mesmo sendo um jogo de soma zero, as operadoras de saúde também conseguiam repassar o aumento dos custos para a mensalidade dos clientes e o "namoro" ia bem apesar da tragédia anunciada.

---

* AGÊNCIA NACIONAL DE SAÚDE SUPLEMENTAR (ANS). *Dados gerais*. Publicado em 5 de janeiro de 2024. Disponível em: https://www.gov.br/ans/pt-br/acesso-a-informacao/perfil-do-setor/dados-gerais. Acesso em: 26 ago. 2024.

** INSTITUTE OF MEDICINE (IOM) COMMITTEE ON QUALITY OF HEALTH CARE IN AMERICA. Crossing the Quality Chasm: A New Health System for the 21st Century. *Free Books & Documents*. Disponível em: https://pubmed.ncbi.nlm.nih.gov/25057539/. Acesso em: 24 ago. 2024. Tradução do autor.

OS SERVIÇOS ERAM MAIS ACESSÍVEIS, QUALQUER QUE FOSSE A CLASSE SOCIAL. TODOS TINHAM ACESSO A UM MESMO SERVIÇO CLASSE A, COM PREÇO DE CLASSE B E CONDIÇÕES DE PAGAMENTO PARA AS CLASSES C E D.

Até que o mercado mudou. As clínicas perderam poder de barganha e não têm mais controle do que desejam cobrar. Alguns planos de saúde se organizaram em redes verticalizadas, e a concorrência, sobretudo nos grandes centros, faz a remuneração ser cada vez menor. Além disso, o novo normal é o descredenciamento maciço. E isso já vem acontecendo.

Para os médicos e as clínicas que ainda insistem em atender preferencialmente os planos de saúde, hoje a realidade é bem diferente. **A MEDICINA TEM SE TORNADO MUITO MAIS UM BEM DE CONSUMO DO QUE DE EXPERIÊNCIA. ELEMENTOS INTANGÍVEIS COMO O RELACIONAMENTO MÉDICO-PACIENTE, A CONFIANÇA NO ATENDIMENTO E O SUPORTE EMOCIONAL ESTÃO SENDO TROCADOS POR UMA RELAÇÃO EXCLUSIVAMENTE COMERCIAL EM QUE O PACIENTE PAGA O PLANO, RECEBE O SERVIÇO E PRONTO!** Nesses casos até mesmo sem o poder de escolha, o que no meu entendimento fere um princípio básico do seu direito como consumidor.

Além disso, as exigências burocráticas dos planos de saúde têm aumentado os custos das clínicas com a contratação de funcionários que não sejam o foco da sua atividade principal. Se você tem uma clínica assim, é bem provável que o seu RH contrate muito mais faturistas do que enfermeiras, por exemplo.

Em alguns lugares, o monopólio do atendimento prejudica a livre concorrência e as clínicas são niveladas por baixo, se submetendo a honorários vis e sob a constante ameaça de descredenciamento, sendo vítimas de um cooperativismo que faz com que o paciente não seja mais seu, mas sim do plano de saúde que o controla.

É preciso agir rápido! Mas agora temos outro problema. Ainda que somente uma minoria da população brasileira tenha plano de saúde, os donos de clínicas não sabem mais o que é prospectar um cliente e ignoram 170 milhões de oportunidades presos à insegurança de quem ainda acredita que é impossível ter uma clínica sem a "estabilidade" de um credenciamento médico. Isso explica a queda de 80% para apenas 2% dos médicos atendendo ou empreendendo em modelos exclusivamente particulares. Mesmo para os modelos híbridos (cerca de 55% que ainda mantêm consultórios atendendo particulares e planos), 98% da demanda vem dos planos de saúde.

> **OS PLANOS DE SAÚDE VIRARAM O "PROBLEMA" E A "SALVAÇÃO" DE QUEM EMPREENDE NO MERCADO DE CLÍNICAS MÉDICAS.**

Não estou dizendo que a sua clínica ou seu consultório não deva atender planos de saúde. Pelo contrário.

Na Cia do Médico, defendemos a diversificação de receitas, e monetizar atendendo os planos de saúde certamente é uma das maneiras de diversificar. Desde que as tabelas façam sentido para o nosso fluxo de caixa, não vemos problemas em ampliar nosso *market share*,* e todo cliente é bem-vindo. Mas eu jamais desenharia um modelo de negócio que dependesse exclusivamente da saúde suplementar, por dois motivos óbvios:

Primeiro porque ele é uma minoria. Além disso, tem muita oferta de prestadores de serviços disputando a mesma demanda de mercado, o que acaba desvalorizando os nossos serviços por meio de tabelas cada vez menores. Sem desmerecer qualquer profissão, muitas clínicas se submetem a receber por uma consulta médica bem menos do que um cabeleireiro ou uma manicure recebem pelos seus serviços. Isso sem contar com as "glosas contratuais" e os sucessivos atrasos nos pagamentos. Uma consulta para o seu cachorro chega a custar dez vezes mais do que o seu médico ganha pela sua.

Segundo porque "estabilidade não existe".** A intermediação na saúde traz insegurança e riscos ao negócio que são alheios ao controle do prestador de serviços.

Já assisti vários colegas fecharem suas portas, não porque seus serviços se tornaram obsoletos, mas sim porque eles fundaram uma empresa apostando todas as fichas em um único contrato que sus-

---

*   *Market share* = participação de mercado.
**   Frase do empresário Flávio Augusto da Silva, fundador da Wise Up.

OS PLANOS DE SAÚDE VIRARAM O "PROBLEMA" E A "SALVAÇÃO" DE QUEM EMPREENDE NO MERCADO DE CLÍNICAS MÉDICAS.

tentava todo o seu Opex.* Esse é um *all-in*** que causaria inveja no Elon Musk.

É como ser demitido da sua própria empresa. De uma hora para outra você não tem mais receita, e ainda com um agravante: todo o investimento em ativos é seu, e você vai precisar pagar por eles.

QUANDO VOCÊ ATENDE EXCLUSIVAMENTE A SAÚDE SUPLEMENTAR, SEU PACIENTE NÃO É SEU CLIENTE. SEU CLIENTE É O TOMADOR DOS SERVIÇOS PARA QUEM VOCÊ EMITE A NOTA FISCAL TODOS OS MESES.

E não se engane!

Por mais que o seu paciente tenha confiança nos seus serviços, por mais alto que seja o *net promoter score* (NPS)*** da sua clínica, se o convênio descredencia, o paciente simplesmente vai embora.

Dependendo da experiência, um ou outro permanece como paciente particular e pede reembolso médico, quando disponível. Mas ainda assim dificilmente a sua empresa consegue se sustentar sem aquela demanda a que estava acostumada, e você é obrigado a encerrar as atividades.

Algumas especialidades, como cirurgia plástica, ainda têm o privilégio de dispor do setor liberal tradicional como principal financiador dos seus serviços. Outras, como a anestesiologia, se organizaram de forma a manter o protagonismo do ato médico e não se renderam a um mercado que só desvaloriza cada dia mais a profissão. Mas, para a maioria das especialidades da atenção secundária ou terciária – nas quais os custos são relativamente mais altos –, é realmente difícil o profissional se manter atendendo exclusivamente pacientes particulares. Nesses segmentos, ou o médico trabalha para a rede pública ou para uma rede privada de saúde suplementar, em muitos casos até com jornada dupla.

---

* Opex = custos operacionais de uma empresa.
** *All-in* = expressão que se refere a apostar tudo.
*** *Net promoter score* (NPS) = probabilidade de um cliente recomendar a sua empresa.

É por isso que eu sempre digo: a atenção primária é a bola da vez. E logo você vai concordar comigo que o setor liberal tradicional é o verdadeiro mercado promissor para quem quer empreender nesse segmento.

Os heróis também erram

Uma família brasileira leva em média nove gerações para sair da faixa mais pobre e chegar à classe média. Se hoje eu sou médico, estudei em uma escola particular e passei para medicina aos dezessete anos, devo isso ao legado que o meu pai deixou na nossa família.

Meu pai iniciou sua carreira trabalhando como funcionário em um laboratório de análises clínicas em Campo Grande. Muito competente e carismático, ele sabia cativar e era o preferido pela clientela.

Em um dia normal de atendimentos, um empresário, dono de uma famosa padaria do bairro e já cliente recorrente, percebeu que o meu pai estava um pouco triste e desanimado. Durante a conversa, meu pai explicou que tinha visto o anúncio de um laboratório que estava à venda, mas que jamais teria condições de comprá-lo. O cliente perguntou quanto era o negócio. Lógico que o meu pai insistiu que não havia necessidade daquilo, mas o fim da história é que esse cliente comprou o laboratório e disse que o meu pai poderia pagar como quisesse.

Em menos de seis meses, o negócio já estava quitado. Nascia ali o Biocenter, um laboratório que viria a ser o mais respeitado e referência de qualidade no bairro. Os médicos confiavam nos resultados, e os pacientes, que não eram loteados pelos planos de saúde, mantinham o princípio da "livre escolha" e assim fizeram do Biocenter o sucesso que foi por quase quarenta anos.

A lembrança que eu tenho da minha infância é da nossa casa sempre frequentada por médicos. Meu pai, além de competente, já era bom de networking.

Vieram os planos de saúde, ele cresceu, inaugurou filiais, mas sem imaginar ele estava cometendo um erro grave: baseou toda a sua estratégia de expansão em contratos com as operadoras de planos de saúde, e o final dessa história vocês já podem imaginar, né?!

Os laboratórios foram os primeiros a sofrerem com o descredenciamento maciço e com o monopólio do atendimento verticalizado. Nem todo o prestígio e a competência do meu pai impediram que ele tivesse que fechar as filiais, e até a matriz, que funcionou por quase trinta anos no mesmo lugar e precisou ser transferida para uma unidade bem menor. Os custos foram ajustados, e hoje o negócio — tocado pela minha irmã — só sobrevive e fatura relativamente bem porque é parceiro em um ecossistema de serviços de saúde particulares centrado no paciente e na atenção primária.

Não há negócio que sobreviva sem clientes. Essa é uma história real que ensina a nunca depender exclusivamente dos planos de saúde. **NEM TODO PACIENTE É SEU CLIENTE. NÃO IGNORE ESSA FRASE.**

NEM TODO PACIENTE É SEU CLIENTE. NÃO IGNORE ESSA FRASE.

3.

Setor liberal tradicional: o paciente/cliente

Os setores público e privado no Brasil formam um mix de financiamento dos serviços de saúde. O setor privado tem duas vertentes:

- **Setor liberal tradicional:** são os prestadores de serviços privados que estabelecem sua remuneração em acordo direto com os seus pacientes particulares — desembolso direto (*out-of-pocket expenses*).
- **Setor suplementar:** os mesmos serviços privados, só que financiados pela intermediação de operadoras de planos de saúde reguladas pela Agência Nacional de Saúde Suplementar (ANS).

Embora o atendimento da atenção primária de quem não tenha um plano de saúde seja frequentemente associado ao setor público, como médico e empresário eu enxergo o setor liberal tradicional como um mercado extremamente promissor especialmente nesse nível, que é a porta de entrada do paciente no sistema de saúde. Existem algumas razões pelas quais eu acredito nisso, mas a principal delas é que esse é o único setor em que o paciente é também o seu cliente. E isso muda totalmente o jogo.

A relação de consumo direta (sem intermediação) só existe nessa vertente do setor privado, e, em um mercado cada vez mais centrado na experiência do cliente, as oportunidades são gigantescas: conveniência, qualidade, inovação, tecnologias avançadas, serviços em parceria, atendimento humanizado e pacientes podendo escolher seus médicos de referência em dias e horários agendados são apenas algumas das características que o setor público não consegue entregar. E no setor suplementar poucos são os tomadores de serviço que valorizam os diferenciais de qualidade que eu mencionei. Para eles o que interessa é sempre a mesma discussão sobre tabelas cada vez mais baixas.

Além do mais, a APS permite uma abordagem proativa, na qual a sua clínica tem a oportunidade de prospectar clientes por meio de estratégias de promoção em saúde para mais de 170 milhões de pessoas que não podem pagar por um plano de saúde, mas desejam ter mais do que o SUS oferece. **VEJA O PARADOXO: ELAS SÃO MAIORIA, PRECISAM DE ATENDIMENTO, O ESTADO FALHA NA SOLUÇÃO DO PROBLEMA E VOCÊ QUE É EMPRESÁRIO ESTÁ DISPUTANDO MERCADO COM SEU CONCORRENTE PARA VER QUEM ATENDE MAIS CONVÊNIOS!**

São dois motivos que te levam a agir dessa forma: primeiro, você não sabe vender; segundo, você nem sabe que tem a solução adequada e acessível para esse novo paciente/cliente. Então fica mais conveniente tentar a "estabilidade" de um contrato que pode oferecer volume de atendimento do que aprender a gerar sua própria demanda.

Enquanto você não ajustar o seu modelo de negócio para reverter esse cenário, deixando de ser um atendente de demandas passivo e aprendendo a promover saúde levando solução para esses 170 milhões de pacientes/clientes, eles continuarão desassistidos.

Os pacientes procrastinam até ficarem doentes, e isso alimenta outro problema grave, que é o aumento do custo da saúde no longo prazo. Como quase não existe prevenção, o que se observa são pessoas lotando as emergências em busca de um atendimento que poderia acontecer dentro da sua clínica, com custos reduzidos.

4.
A atenção primária na emergência

Os sistemas de saúde estão à beira de um colapso. Nos EUA os custos com saúde chegaram a 18% do PIB em 2020, enquanto no Brasil chegaram a cerca de 10%.

O problema tem início justamente na atenção primária (ou na falta dela), e eu vou explicar por quê.

Uma atenção primária bem-feita teria condições de resolver 85% da demanda que chegasse até ela. Mas, além de o *fee for service* não proporcionar equidade de acesso aos atendimentos de cuidados preventivos para as classes menos favorecidas (sem muito incentivo financeiro por parte dos prestadores em adotar novos modelos), existe ainda uma questão cultural: **OS PACIENTES EM GERAL PROCRASTINAM QUANDO O ASSUNTO É SAÚDE E SÓ PROCURAM UM ATENDIMENTO MÉDICO QUANDO JÁ ESTÃO DOENTES.**

Nessas horas eles pagam qualquer preço para que tudo seja resolvido da forma mais rápida e acabam procurando uma emergência muito mais pela comodidade — como a disponibilidade do médico e a infraestrutura para fazer consultas e exames no mesmo dia — do que pelo preço cobrado no serviço.

Assim, quase 80% das consultas de emergência poderiam ser evitadas, consultas que sobrecarregam o setor terciário e com custos bem maiores do que em um consultório, simplesmente porque

Gráfico 4.1 Os EUA são um ponto fora da curva mundial quando se trata de gastos com saúde

Percentual do PIB gasto em saúde, 1980-2021*

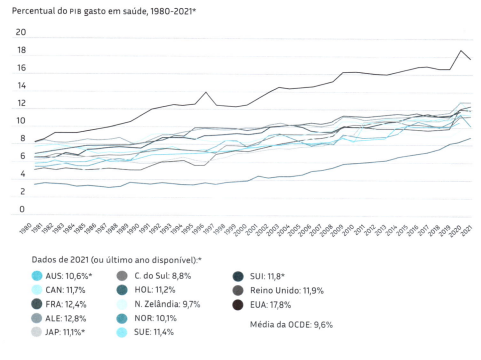

Dados de 2021 (ou último ano disponível):*

- AUS: 10,6%*
- CAN: 11,7%
- FRA: 12,4%
- ALE: 12,8%
- JAP: 11,1%*
- C. do Sul: 8,8%
- HOL: 11,2%
- N. Zelândia: 9,7%
- NOR: 10,1%
- SUE: 11,4%
- SUI: 11,8*
- Reino Unido: 11,9%
- EUA: 17,8%
- Média da OCDE: 9,6%

Notas: * Dados de 2020. Despesas correntes em saúde para todas as funções por todos os prestadores para todos os regimes de financiamento. Os dados refletem a participação do Produto Interno Bruto (PIB) baseado na metodologia do Sistema de Contas em Saúde, com algumas diferenças entre as metodologias dos países. A média da Organização para a Cooperação e Desenvolvimento Econômico (OCDE) reflete a média de seus 38 países membros.

Dados: OECD Health Statistics, 2022.

FONTE: adaptada de GUNJA, Munira Z.; GUMAS, Evan D.; WILLIAMS II, Reginald D. *U.S. Health Care from a Global Perspective, 2022*: Accelerating Spending, Worsening Outcomes (Commonwealth Fund, janeiro de 2023). Disponível em: https://doi.org/10.26099/8ejy-yc74.

o sistema falhou onde era mais fácil e barato ter funcionado. Isso acontece tanto no setor público quanto no privado.

Esse é um problema global que movimentos como o dos *urgent cares** (UC) americanos têm solucionado parcialmente nos EUA

---

*   *Urgent cares* = unidades de atendimento de urgência.

OS PACIENTES EM GERAL PROCRASTINAM QUANDO O ASSUNTO É SAÚDE E SÓ PROCURAM UM ATENDIMENTO MÉDICO QUANDO JÁ ESTÃO DOENTES.

ao oferecerem a facilidade do *walk-in clinic*,* com um mix de especialistas e infraestrutura para consultas e exames ao melhor estilo "tudo num só lugar". O foco são os 80% de atendimentos das emergências que não deveriam estar lá.

Elas proporcionam a mesma comodidade e disponibilidade de horários estendidos (algumas até com funcionamento 24 horas), mas com muito maior eficiência, numa estrutura mais enxuta e com alguns serviços terceirizados. A agilidade nos atendimentos fez um artigo da *Forbes* sugerir que as clínicas de uc teriam sido inspiradas pelo modelo drive-thru do McDonald's. O atendimento é rápido, eficiente e mais barato.

Quadro 4.2 The Dollar Menu: dor no peito é sempre uma emergência, mas algumas condições de saúde, como infecção de ouvido, por exemplo, são apenas urgências, e existem opções mais acessíveis de tratamento.

	Custo no pronto atendimento (uc)	Custo na emergência	Economia
Alergias	$ 97	$ 345	72%
Bronquite aguda	$ 127	$ 595	79%
Bronquite crônica	$ 114	$ 665	83%
Otite	$ 110	$ 400	73%
Faringite	$ 94	$ 525	82%
Conjuntivite	$ 102	$ 370	72%
Sinusite	$ 112	$ 617	82%
Amigdalite	$ 123	$ 531	77%
Infecção respiratória superior	$ 111	$ 486	77%
Infecção do trato urinário	$ 110	$ 665	83%

FONTE: adaptada de *Forbes*. "Drive-Thru Health Care: How McDonald's Inspired An Urgent Care Gold Rush". Disponível em: https://www.forbes.com/sites/briansolomon/2014/07/02/drive-thru-health-care-how-mcdonalds-inspired-an-urgent-care-gold-rush/.

* *Walk-in clinic* = instalação com atendimento médico imediato (pronto atendimento).

No quadro anterior, algumas condições de saúde tratadas têm custos até 80% menores. Mesmo com os custos reduzidos e maior agilidade, a questão é que essas clínicas (tanto as UC americanas quanto as similares a elas aqui no Brasil) continuam tendo uma abordagem exclusivamente reativa, apenas apagando o incêndio de um setor primário que não funcionou.

A maioria dos atendimentos continua sendo de intercorrências ou eventos agudos não emergenciais que poderiam ter sido evitados ou tratados precocemente.

A SOLUÇÃO PARA A APS NÃO É SÓ SER MAIS EFICIENTE NESSES CASOS AGUDOS, MAS TAMBÉM TRABALHAR A PREVENÇÃO OU REDUZIR AS INTERCORRÊNCIAS DE FORMA PROATIVA E CONTÍNUA, FAZENDO JUS À FRASE QUE DIZ QUE "A MELHOR FORMA DE PREVENIR DOENÇAS É SE MANTER SAUDÁVEL".

Mas como trabalhar a prevenção se o modelo de remuneração adotado na verdade está afastando o paciente particular da nossa clínica? É isso que eu pretendo ensinar com este livro.

No próximo capítulo vamos abordar o nosso primeiro pilar e refletir sobre prevenção e *fee for service* exclusivo, e como o mix de modelos de remuneração pode ser a inovação que vai solucionar o problema de equidade de acesso na APS.

A SOLUÇÃO PARA A APS NÃO É SÓ SER MAIS EFICIENTE NESSES CASOS AGUDOS, MAS TAMBÉM TRABALHAR A PREVENÇÃO OU REDUZIR AS INTERCORRÊNCIAS DE FORMA PROATIVA E CONTÍNUA, FAZENDO JUS À FRASE QUE DIZ QUE "A MELHOR FORMA DE PREVENIR DOENÇAS É SE MANTER SAUDÁVEL".

A "MECA" DO EMPREENDEDORISMO EM SAÚDE

Inovação não é necessariamente criar algo novo. Isso seria invenção.

A Uber não inventou a mobilidade urbana. Ela apenas trouxe uma solução inovadora na forma como as pessoas solicitam e utilizam um serviço de transporte, trocando a ida até um ponto físico por alguns cliques na tela do seu celular.

Você vai entender na leitura dos próximos capítulos que não existe nada de novo no modelo da Cia do Médico. Nós não reinventamos a roda. Nosso modelo de negócio se baseia em adaptações de ideias já existentes, colocando-as para o mercado, solucionando assim uma demanda reprimida e gerando competitividade.

No fim, inovar em um mercado tradicional como o da medicina é buscar melhorar os processos para entregar um mesmo serviço com mais qualidade e acessível para todos. E é exatamente isso que esse modelo se propõe a fazer.

Um modelo de empreendedorismo médico baseado em recorrência e ecossistema, fundamentado em um método com quatro pilares, que juntos formam o acrônimo "MECA", uma palavra que consolida a referência e a inovação na forma de empreender e gerar valor aos pacientes, simultaneamente.

A Cia do Médico é a MECA do empreendedorismo em saúde. Um verdadeiro ponto de convergência e interesse para empreendedores, médicos e pacientes, que dá fim ao jogo de soma zero da saúde.

Meca é referência. Meca é inovação. Meca é direção.

1. **M**ix de modelos de remuneração médica
2. **E**conomia da Recorrência
3. **C**ompartilhamento de Custos
4. **A**sset Light.

5.

Primeiro pilar: mix de modelos de remuneração médica

Muitos gestores de clínicas desconhecem os diferentes modelos de remuneração médica e como eles podem impactar no resultado do seu negócio. Ter diferentes modelos de remuneração na sua clínica pode ampliar mercados, impactando nichos distintos com soluções personalizadas.

É preciso destacar que modelo de remuneração é diferente da discussão sobre precificação e suas formas de pagamento.

O modelo é a forma como o recurso é alocado. No Brasil se utiliza o modelo de pagamento por procedimento (*fee for service*) quase unanimemente em até 96% dos valores pagos aos prestadores de serviços de saúde, especialmente no setor privado. Mas, como já dizia Nelson Rodrigues, "toda unanimidade é burra".

Existe uma resistência natural desses prestadores em mudar esse cenário a curto prazo, pois é antieconômico renunciar a um modelo que remunera a cada serviço prestado. O raciocínio deles é simples: quanto mais serviços, mais receita.

Mas, como eu já citei anteriormente, esse modelo acaba não proporcionando equidade de acesso, pois é quase exclusividade de uma minoria que tem plano de saúde ou que pode pagar por um atendimento de rotina. A grande maioria ainda depende do SUS, e, como o Estado falha na solução do problema, definitivamente não temos um acesso justo e integral aos recursos básicos de saúde para mais de 170 milhões de brasileiros.

O SEGREDO É A REMUNERAÇÃO MISTA

Clínicas que oferecem um mix de modelos de remuneração para a contratação dos seus serviços eliminam barreiras financeiras e estruturais, ampliando o acesso para diferentes nichos e classes sociais. **O CLIENTE COMO FONTE PAGADORA PODE ESCOLHER AQUELE MODELO DE REMUNERAÇÃO QUE FIZER MAIS SENTIDO PARA ELE DE ACORDO COM A SUA VONTADE, SUA NECESSIDADE, SEU HISTÓRICO DE SAÚDE, ORÇAMENTO OU OUTROS OBJETIVOS.**

> *Em busca da melhoria da eficiência, equidade e qualidade dos serviços de saúde, diversos países experimentaram — e continuam experimentando — a aplicação de sistemas de remuneração mista no pagamento de médicos e profissionais da saúde.**

Para cada situação específica existe um modelo de remuneração que é mais adequado para melhorar os resultados e não somente reduzir os custos. Isso tem mais a ver com a condição clínica e a frequência de uso dos serviços (veja o gráfico matriz a seguir) do que com o preço e a maneira como o cliente vai escolher pagar por eles.

Na APS existem dois modelos principais de remuneração (que eu vou detalhar mais à frente) que se complementam quando um serviço é proativo e o outro é reativo:

---

* CHERCHIGLIA, 2006 citado em GIRARDI, Sábado Nicolau; CARVALHO, Cristiana Leite; GIRARDI, Luisa Gonçalves. *Modalidades de contratação e remuneração do trabalho médico*: Os conceitos e evidências internacionais. Trabalho produzido para a Organização Pan-Americana da Saúde, PWR-Brasil, em maio de 2007. Disponível em: http://epsm.nescon.medicina.ufmg.br/dialogo05/Biblioteca/Artigos_pdf/Modalidades%20de%20contratacao%20e%20remuneracao%20do%20trabalho%20medico.pdf. Acesso em: 26 ago. 2024.

O CLIENTE COMO FONTE PAGADORA PODE ESCOLHER AQUELE MODELO DE REMUNERAÇÃO QUE FIZER MAIS SENTIDO PARA ELE DE ACORDO COM A SUA VONTADE, SUA NECESSIDADE, SEU HISTÓRICO DE SAÚDE, ORÇAMENTO OU OUTROS OBJETIVOS.

1. **O *pre-paid/capitation*:** um modelo de remuneração prospectivo e recorrente, que é mais largamente sugerido na prevenção de doenças e na manutenção da saúde, seja em pacientes saudáveis ou na gestão de condições crônicas que exijam um atendimento clínico contínuo (médicos de família ou médicos de referência, por exemplo).
2. **O *fee for service*:** o principal modelo adotado na APS da medicina privada, mas que especialmente no setor liberal tradicional deveria ser reservado aos atendimentos mais pontuais com especialistas ou procedimentos diagnósticos, como sugere a própria matriz.

Figura 5.1 Diferentes sistemas de pagamento equacionam diferentes problemas de custo e qualidade no cuidado em saúde

	Variação da frequência do evento →
BUNDLED PAYMENT Episódios clínicos de rápida resolução — condições agudas **Pagamento único por cuidados ambulatoriais e hospitalares por caso** Exemplos: fratura de quadril, cuidados obstétricos.	**ATENÇÃO INTEGRAL + *BUNDLED PAYMENT*** Episódios clínicos de condições crônicas agudizadas **Pagamento único por cuidados ambulatoriais e hospitalares por caso, por um período fixo de tempo** Exemplos: doenças cardiovasculares: infarto agudo do miocárdio (IAM) e acidente vascular cerebral (AVC).
FEE FOR SERVICE **Pagamento por procedimento** Exemplos: procedimentos diagnósticos ou muito especializados.	**ATENÇÃO INTEGRAL + *CAPITATION*** Episódios clínicos de condições crônicas de lenta evolução **Envolve ajuste global de risco** Exemplos: diabetes mellitus, hipertensão arterial, doença pulmonar obstrutiva crônica.

(Eixo vertical: Variação do custo do evento)

FONTE: adaptada de Center for Healthcare Quality and Payment Reform, em 2017. Disponível em: http://www.chqpr.org/. Livre tradução de Daniele Silveira, especialista em regulação — ANS.

Quando os serviços são oferecidos respeitando o que preconiza essa matriz e gerando mais valor ao paciente de forma genuinamente ética (alcançando bons resultados em saúde, com custos mais acessíveis), o modelo *capitation* — alternativa ao FFS que remunera de forma prospectiva e recorrente — pode ser uma opção mais assertiva e acessível também para os pacientes particulares da medicina privada.

O MODELO *CAPITATION* INCENTIVA A EFICIÊNCIA POR MEIO DE "PACOTES DE SERVIÇOS" QUE PROMOVEM A PREVENÇÃO DE DOENÇAS E A MANUTENÇÃO DA SAÚDE, REDUZINDO INTERCORRÊNCIAS QUE POSSAM ELEVAR OS CUSTOS NO LONGO PRAZO.

> *Os serviços médicos prestados aos pacientes normalmente se incluem no que é denominado "pacote de serviços". Os pacotes de serviços mais comuns no sistema de pagamento por capitação incluem cuidados de atenção primária e de saúde da família, uma vez que o custo desses serviços é normalmente previsível e a gama de procedimentos possíveis a serem oferecidos é bem definida e limitada.**

PLANO DE ASSINATURAS OU APENAS UM NOVO NOME PARA A MESMA COISA?

Muito se tem falado ultimamente em plano de assinaturas como um "modelo" que fideliza clientes e pode trazer a inovação do pagamento recorrente e previsibilidade de receita para a sua clínica. Na verdade, não existe nada de novo com esse "modelo" a não ser o nome.

Vou falar disso mais à frente, mas em geral essa estratégia de renomear serviços ou produtos que já existem é uma forma de

---

* GIRARDI, Sábado Nicolau; CARVALHO, Cristiana Leite; GIRARDI, Luisa Gonçalves. *Modalidades de contratação e remuneração do trabalho médico*: Os conceitos e evidências internacionais. Trabalho produzido para a Organização Pan-Americana da Saúde, PWR-Brasil, em maio de 2007. Disponível em: http://epsm.nescon.medicina.ufmg.br/dialogo05/Biblioteca/Artigos_pdf/Modalidades%20de%20contratacao%20e%20remuneracao%20do%20trabalho%20medico.pdf. Acesso em: 26 ago. 2024.

rebranding* que pode ser eficaz para reposicionamento e conquista de novos mercados, trazendo a sensação de inovação ou apenas facilitando a compreensão pelo público. Mas é necessário ter cuidado com essas estratégias.

Especialmente no Brasil, os órgãos reguladores das prestações de serviços de saúde não permitem o uso de nomes ou promessas sensacionalistas ou que explorem a vulnerabilidade dos pacientes (não que esse seja o caso). É preciso estar atento e evitar práticas comerciais desleais, além de garantir que as informações fornecidas aos pacientes sejam precisas e confiáveis.

Existem vários tipos de cuidado em saúde em que um programa de acompanhamento contínuo com pagamento recorrente e prospectivo pode (e deve) ser utilizado como alternativa ao FFS, como sugere a própria matriz retirada do Guia ANS de 2019. O que define é a previsão de a frequência de eventos ser mais recorrente ou transacional. Portanto, a recorrência nesses casos não é só financeira, mas também de atendimento.

Ou seja, pagamento recorrente em saúde não é nenhuma novidade que chegou com os "planos de assinatura". Ele já existe há décadas na medicina.

NO SETOR LIBERAL TRADICIONAL, O QUE TEM MUDADO É A CRESCENTE CONSCIENTIZAÇÃO POR PARTE DE ALGUNS PRESTADORES DE SERVIÇO EM OFERECER UMA POLÍTICA DE PAGAMENTO CENTRADA NO PACIENTE E NÃO SOMENTE NO PROCEDIMENTO, permitindo que tenham a possibilidade de contratar modelos que melhor lhe atendam, podendo ser prospectivo, retrospectivo ou híbrido (pode-se usar um mix de pré e pós-pagamento), a depender do tipo de serviço da APS ter uma abordagem mais proativa ou reativa.

Existem três tipos diferentes de serviços da APS, com suas respectivas abordagens de atendimento e políticas de pagamento:

* *Rebranding* = reposicionamento de marca.

1. **Prevenção e bem-estar:** são abordagens proativas. O objetivo é prevenir doenças ou diagnosticá-las em fases precoces e com maiores chances de sucesso no tratamento. Sugere-se que o pagamento seja fixo, prospectivo e recorrente (mensal ou anual). São os programas de acompanhamento como os "pacotes de serviços" de cuidados preventivos com os médicos de família, médicos de referência, alguns exames e/ou terapias recorrentes. O *capitation* é o que melhor representa essa política de pagamento, principalmente nos setores público e suplementar.
2. **Tratamento de eventos agudos não emergenciais:** são abordagens naturalmente reativas. O objetivo é o diagnóstico e o tratamento rápido de uma nova doença, encaminhando para um especialista quando necessário. Por serem casos mais pontuais, sugere-se um pagamento adicional, que pode ser um ajuste no pagamento prospectivo já existente, o pagamento de um tratamento específico por pacote (*bundled payment*) ou o tradicional pagamento por procedimento (FFS).
3. **Gestão de condições crônicas:** são abordagens híbridas, prevenindo intercorrências de forma proativa e contínua, mas também sendo reativas e garantindo diagnóstico e tratamento precoces quando elas ocorrerem (doenças crônicas agudizadas). Também se sugere um pagamento prospectivo fixo, algumas vezes já ajustado por risco, e ainda um pagamento adicional pelas intercorrências, seja por pacote ou pagamento por procedimento.

Portanto, é o tipo de serviço que vai definir a política de pagamento mais custo-efetiva, e não o contrário.

UM PLANO DE ASSINATURA É APENAS UMA FORMA DE PAGAMENTO QUE VALIDA O ACESSO DE UM CLIENTE A UM PRODUTO OU UM SERVIÇO QUE UMA EMPRESA OFERECE DE FORMA RECORRENTE E CONTÍNUA. Não é o serviço em si. Seu filho não estuda numa escola por assinatura. É o próprio modelo de ensino contínuo e com renovações periódicas que define por obviedade que o pagamento será recorrente (mensal, semestral ou anual). Nos cuidados preventivos da APS é o mesmo raciocínio.

> Prevenção ou gestão de doenças crônicas = pagamento prospectivo e recorrente.
>
> Tratamento de eventos agudos = pagamento por procedimento (FFS) ou pacote (*bundled payment*).

Seguindo esse raciocínio, não existe um plano de assinatura da sua clínica, mas sim um pagamento que pode ser recorrente desde que algum serviço específico esteja sendo oferecido nesse formato.

É isso que geralmente acontece no contexto dos "pacotes de serviços" de cuidados preventivos ou de um algum programa de acompanhamento ou protocolo de tratamento de médio ou longo prazo.

Essa é uma política de pagamento que realmente se assemelha muito aos planos de assinatura, e não existe nada de errado com ela. Respeitados os princípios éticos da profissão, sobretudo os descritos no capítulo 8 do Código de Ética Médica (Resolução nº 1.246/88 do CFM), que trata da remuneração profissional, não existe vedação para esse tipo de pagamento.

Toda relação de cobrança por serviços médicos particulares é um contrato sinalagmático no qual as partes acordam livremente honorários e serviços. Uma relação bilateral entre a obrigação de pagar o preço e a obrigação de entregar um serviço, sempre de acordo com o Código Civil.*

---

* CONSELHO REGIONAL DE MEDICINA DO ESTADO DE MATO GROSSO. *Processo-consulta* nº 41/2019: Parecer CRM-MT 37/2019. Acerca de cobrança de honorários, para novas abordagens, e complicações que venham a ocorrer com o paciente. Data da aprovação: 19 de novembro de 2019. Disponível em: https://sistemas.cfm.org.br/normas/arquivos/pareceres/MT/2019/37_2019.pdf. Acesso em: 26 ago. 2024.

MEDICINA *CONCIERGE*

Mais um modelo revolucionário (eu adoro isso!) para salvar a APS. Em resumo, trata-se de um modelo híbrido de assinatura + taxas por serviços. Opa! Parece que já ouvimos isso:

> *Neste caso, elementos do sistema de remuneração [...] são combinados, bem como as formas de pagamento prospectivo e retrospectivo. [...] um sistema de remuneração misto pode utilizar, ao mesmo tempo, a capitação e o pagamento por honorário ou unidade de serviço/procedimento.**

Em última análise, é exatamente isso que a medicina *concierge* propõe: um modelo híbrido de taxas por serviço (FFS ou *bundled payment*) com uma taxa fixa mensal (*pre-paid/ capitation*, pagamento recorrente, assinatura, mensalidade ou seja lá como você queira chamar).

O que todos esses movimentos têm em comum é a centralização do atendimento no paciente. **ESSA MUDANÇA DE MINDSET É VERDADEIRAMENTE A ÚNICA NOVIDADE DISRUPTIVA DESSES "NOVOS MODELOS" DE NEGÓCIO: ATENDIMENTO INTEGRAL E HUMANIZADO COM FOCO EM RESULTADOS (SEJA EM UM TRATAMENTO OU PREVENÇÃO) E NÃO MAIS EM VOLUME DE ATENDIMENTOS.**

No Brasil, o movimento da medicina *concierge* ainda é tímido e elitizado, portanto, está longe de resolver o problema da APS para as classes C e D.

NÃO ADIANTA ENTREGAR A SOLUÇÃO PERFEITA PARA OS CLIENTES ERRADOS. SE A SUA CLÍNICA QUER ATRAIR UMA PARTE DOS 170 MILHÕES DE PACIENTES/CLIENTES DO SETOR LIBERAL TRADICIONAL QUE DEPENDEM DO SUS, A SOLUÇÃO PRECISA SER PARA ELES.

O mix de modelos de remuneração associado a uma política de cuidado centrada no paciente é a única forma de entregar valor para esses pacientes.

---

*   GIRARDI, Sábado Nicolau; CARVALHO, Cristiana Leite; GIRARDI, Luisa Gonçalves citado anteriormente.

ESSA MUDANÇA DE MINDSET É VERDADEIRAMENTE A ÚNICA NOVIDADE DISRUPTIVA DESSES "NOVOS MODELOS" DE NEGÓCIO: ATENDIMENTO INTEGRAL E HUMANIZADO COM FOCO EM RESULTADOS (SEJA EM UM TRATAMENTO OU PREVENÇÃO) E NÃO MAIS EM VOLUME DE ATENDIMENTOS.

Com o pagamento centrado no paciente, existe a sugestão de uma taxa mensal ou anual fixa para um pacote de serviços de cuidados preventivos que podem ser ajustados por risco para aqueles que precisam de mais ou menos cuidados proativos (principalmente por idade ou comorbidades) e sempre um ajuste ou um pagamento adicional para eventos agudos ou intercorrências.

Na atenção primária, quase todos os países da OCDE *que utilizam o* capitation *ajustam o pagamento por fatores de risco (por exemplo, idade, sexo, estado de saúde, dentre outros), com o objetivo de desencorajar a restrição de cuidado e a escolha seletiva de pacientes.**

FEE FOR SERVICE (FFS)

Há décadas esse é o modelo de remuneração predominante no país e no mundo. No Brasil ele corresponde a 96% dos atendimentos prestados. Mas isso é muito diferente de defendê-lo como o melhor ou o mais apropriado.

Nesse modelo de conta aberta, o profissional de saúde recebe um valor fixo por cada serviço utilizado. Esse valor é acordado previamente entre ele e a fonte pagadora (operadoras ou cliente), sobretudo no setor privado. A remuneração se dá pelo somatório discriminado de cada um dos procedimentos ou itens utilizados (materiais, medicamentos, honorários profissionais, diárias hospitalares e exames complementares).

O FFS é o modelo de remuneração ideal para o prestador de serviço que trabalha com planos de saúde (ainda que não seja para o plano de saúde) ou com um nicho de pacientes *high ticket*. Mas vamos para o mundo real? Cento e setenta milhões de brasileiros não

---

* OECD, 2016 citado por AGÊNCIA NACIONAL DE SAÚDE SUPLEMENTAR (ANS). *Valor em Saúde:* Guia para Implementação de Modelos de Remuneração baseados em valor. Rio de Janeiro, 2019. Disponível em: https://www.gov.br/ans/pt-br/arquivos/assuntos/gestao-em-saude/projeto-modelos-de-remuneracao-baseados-em-valor/guia_modelos_remuneracao_baseados_valor.pdf. Acesso em: 24 ago. 2024.

têm plano de saúde e nem sempre podem pagar pelo somatório detalhado de cada atendimento ou procedimento.

Outra visão negativa do FFS exclusivo é que ele induz a sobreutilização de serviços. Por isso, desde a década de 1990 têm se intensificado as discussões sobre a política de remuneração dos prestadores de serviços, na perspectiva de melhorar os resultados e conferir sustentabilidade aos sistemas de saúde. Se essas discussões ajudam a reduzir os custos para os sistemas de saúde, certamente também vão ajudar na medicina privada.

Todos os modelos têm vantagens e desvantagens, e, seguindo a tendência dos países da OCDE e a própria sugestão da ANS, o mix de modelos de remuneração é o mais próximo de uma solução ideal, sendo uma substituição alternativa ao FFS exclusivo.

> *O sistema de pagamento por procedimento tem sido considerado o querosene que se joga para apagar o incêndio dos custos com a saúde.**

As principais desvantagens do FFS para a sustentabilidade do sistema de saúde são:

1. Os prestadores são remunerados por volume, e não pela qualidade dos serviços ou pelo verdadeiro impacto na saúde do paciente (volume versus valor).
2. Cada médico, hospital, laboratório ou prestador acaba sendo remunerado separadamente, o que pode resultar na duplicação de exames para um mesmo paciente.
3. A atenção primária é mal remunerada, o que diminui o incentivo para clínicas nessa área.

---

* Christensen *et al.*, 2009 citado por AGÊNCIA NACIONAL DE SAÚDE SUPLEMENTAR (ANS). *Valor em Saúde*: Guia para Implementação de Modelos de Remuneração baseados em valor. Rio de Janeiro, 2019. Disponível em: https://www.gov.br/ans/pt-br/arquivos/assuntos/gestao-em-saude/projeto-modelos-de-remuneracao-baseados-em-valor/guia_modelos_remuneracao_baseados_valor.pdf. Acesso em: 24 ago. 2024.

Como as discussões sobre políticas de pagamento são muito mais para corrigir a sustentabilidade dos sistemas de saúde público e suplementar, que naturalmente têm intermediação, uma coisa que pouco se encontra na literatura é a discussão sobre esses modelos para o setor liberal tradicional.

Se o cliente é particular, respeitada a ética, o pagamento de honorários é livremente pactuado entre as partes por meio de uma relação de consumo direta. O cliente tem sempre a liberdade para contratar a sua empresa ou a de um concorrente. Nesse contexto, parece simples imaginar que o FFS seja o mais indicado, e ele realmente é suficiente e justo para remunerar procedimentos mais complexos e pontuais com especialistas. Mas, quando se trata de prevenção, ele pode ser um limitador de acesso para os 170 milhões de brasileiros que não têm plano de saúde e nem sempre podem pagar por uma consulta. E eu nem estou falando só de preço.

PROCRASTINAÇÃO

É DIFÍCIL ENCONTRAR MOTIVAÇÃO PARA CUIDAR DA SAÚDE DE FORMA PREVENTIVA QUANDO EXISTEM OUTRAS DEMANDAS FINANCEIRAS E DISTRAÇÕES "PRIORITÁRIAS" NA VIDA.

Imagine para um brasileiro comum, que não esteja com nenhum sintoma, se ver obrigado a ter a consciência de procurar um serviço particular para um cuidado preventivo e a pagar por cada consulta, exame ou procedimento, com tantas outras prioridades financeiras! Essa é a maior razão pela qual os pacientes procrastinam. Mas ela não é a única. Existem motivos além da questão financeira.

Geralmente a procrastinação é alimentada por uma mentalidade de curto prazo em que as pessoas priorizam o prazer imediato em vez dos benefícios de longo prazo para a saúde. Algumas podem ter experimentado um fracasso anterior e se sentem desencorajadas a tentar novamente. Mas as piores são aquelas que não procuram um médico por medo de encontrar alguma doença. A minha

É DIFÍCIL ENCONTRAR MOTIVAÇÃO PARA CUIDAR DA SAÚDE DE FORMA PREVENTIVA QUANDO EXISTEM OUTRAS DEMANDAS FINANCEIRAS E DISTRAÇÕES "PRIORITÁRIAS" NA VIDA.

avó materna era exatamente assim. Apesar de ter condições, nem plano de saúde ela queria ter. Ela sempre repetia: "Eu não gosto de ir ao médico!".

PORTANTO, ÀS VEZES O SEU MAIOR DESAFIO NEM É O PREÇO COMO EQUIDADE DE ACESSO, MAS TALVEZ TER QUE ELEVAR O NÍVEL DE CONSCIÊNCIA DO SEU PACIENTE/ CLIENTE.

Esse é um dos grandes benefícios agregados aos modelos que de alguma forma fidelizam os clientes. Os tratamentos humanizados e personalizados que só ocorrem nesse tipo de relação mais contínua e duradoura geram valor para os pacientes, indo muito além dos resultados de curto prazo em saúde. A integralidade alcançada com esse modelo inclui educar e promover a importância da saúde, além de tratar doenças.

Nessa direção, a remuneração baseada em valor tem sido considerada uma alternativa viável para a atenção primária, na qual o foco é alcançar bons resultados em saúde e não só a redução de custos.

A ANS lançou um guia em 2019 que fez uma revisão e propôs mais de dez modelos em que o pagamento está vinculado ao resultado em saúde, e não ao volume de atendimento. O modelo a seguir é o que melhor representa essa revisão, sendo o mais discutido e utilizado na APS.

PRE-PAID/ CAPITATION

Preste muita atenção neste modelo de remuneração médica, que, apesar de ser mais amplamente sugerido no setor público ou suplementar, tem perfeita aplicabilidade e semelhança com o pagamento prospectivo e recorrente dos programas de acompanhamento ou pacotes de serviços que acontecem no setor liberal tradicional, sobretudo quando nos referimos ao *capitation* parcial.

Quando se fala em um mix de modelos de remuneração na APS, o mais sugerido e muito utilizado é justamente a combinação do FFS

PORTANTO, ÀS VEZES O SEU MAIOR DESAFIO NEM É O PREÇO COMO EQUIDADE DE ACESSO, MAS TALVEZ TER QUE ELEVAR O NÍVEL DE CONSCIÊNCIA DO SEU PACIENTE/CLIENTE.

com o *capitation*, e trazendo para o setor liberal tradicional essa é a base do nosso primeiro pilar.

Lembra quando falei sobre estarmos preparados para as mudanças do mercado e que novos desafios geram novas oportunidades? Essa mudança na forma de remuneração da APS, que vem sendo adotada em todo o mundo para reduzir custos excessivos e dar sustentabilidade ao sistema de saúde, é uma delas. Não tem jeito. Isso vai acontecer, mesmo com algumas resistências iniciais. Mas, o que parece uma mudança desfavorável, eu enxergo como uma grande oportunidade de negócio, principalmente para o setor particular, no qual quase ninguém vem discutindo essas mudanças. Ao final desta leitura, tenho certeza de que você vai concordar comigo.

Para explicar o *capitation*, vou transcrever fielmente trechos do Guia para Implementação de Modelos de Remuneração baseados em valor para que não fique nenhuma dúvida.

> Capitation […] *é definido como um modelo de remuneração de médicos ou outros prestadores de serviços de saúde, por meio do estabelecimento de um valor fixo por paciente cadastrado* (per capta) *para o fornecimento de serviços de saúde previamente contratados, para uma população definida, em um período de tempo especificado.* […] *A remuneração independe da quantidade de serviços prestados e esse valor fixo é pago antecipadamente. Há a possibilidade de implementar a captação por região geográfica ou captação por lista de pacientes.* […] *Com a lista de pacientes, o recurso é alocado a um prestador para cuidar da saúde de todos os indivíduos inscritos em uma lista, havendo a possibilidade, nesse caso, de escolha do prestador pelo usuário dos serviços. A segunda forma de captação, por lista de pacientes é mais comum e mais facilmente implementável na saúde suplementar.**

---

* AGÊNCIA NACIONAL DE SAÚDE SUPLEMENTAR (ANS). *Valor em Saúde*: Guia para Implementação de Modelos de Remuneração baseados em valor. Rio de Janeiro, 2019. Disponível em: https://www.gov.br/ans/pt-br/arquivos/assuntos/gestao-em-saude/projeto-modelos-de-remuneracao-baseados-em-valor/guia_modelos_remuneracao_baseados_valor.pdf. Acesso em: 24 ago. 2024.

Isso não significa que seja uma exclusividade dela.

A essência do nosso primeiro pilar foi aplicar exatamente esse mesmo raciocínio de um modelo mais custo-efetivo na política de pagamento de um nicho específico de pacientes particulares que, tal qual outras fontes pagadoras, também busca soluções que consigam melhorar seus resultados com menores custos.

O pagamento fixo e recorrente é uma premissa no modelo de *capitation*. Apesar de pouco usual no setor liberal tradicional (pelo motivo antieconômico já citado da pouca oferta de médicos e clínicas dispostos a renunciar a um modelo que remunera por cada serviço prestado), esse mesmo modelo de recorrência é o que vem revolucionando a APS nas nossas unidades, trazendo universalidade, integralidade e equidade de acesso aos serviços de cuidados preventivos. E não é só por ser mais barato.

O PREÇO INFLUENCIA, MAS NÃO É O QUE DETERMINA A ADESÃO DOS PACIENTES AOS CUIDADOS PREVENTIVOS. MUITAS VEZES, É PRECISO UMA ABORDAGEM PROATIVA E DE CONSCIENTIZAÇÃO SOBRE O PROBLEMA, O QUE NÃO É POSSÍVEL ATINGIR COM CONSULTAS ISOLADAS, TÍPICAS DO MODELO TRADICIONAL. É PRECISO SER ACESSÍVEL ALÉM DO PREÇO.

No sistema de capitação, o pagamento é realizado independentemente do tipo ou da quantidade dos serviços prestados, e o seu valor é sempre menor do que o custo médio de um tratamento previsto por uma especialidade médica.[*]

Mas o que faria uma clínica considerar um novo modelo de remuneração aparentemente menos interessante do ponto de vista financeiro?

---

[*] GIRARDI, Sábado Nicolau; CARVALHO, Cristiana Leite; GIRARDI, Luisa Gonçalves. *Modalidades de contratação e remuneração do trabalho médico*: Os conceitos e evidências internacionais. Trabalho produzido para a Organização Pan-Americana da Saúde, PWR-Brasil, em maio de 2007. Disponível em: http://epsm.nescon.medicina.ufmg.br/dialogo05/Biblioteca/Artigos_pdf/Modalidades%20de%20contratacao%20e%20remuneracao%20do%20trabalho%20medico.pdf. Acesso em: 26 ago. 2024.

Em primeiro lugar, entendendo que eles não são excludentes.

A proposta é ter uma alternativa para diversificar receitas e dar escalabilidade ao seu negócio, ampliando o seu público endereçável para nichos que você provavelmente nem atenderia. Além de ser um modelo bem mais acessível, existe a retenção de pacientes e uma previsibilidade financeira, com o melhor de tudo: sem renunciar ao *fee for service*.

É sempre o cliente que vai escolher o que for melhor para ele.

Mas calma! Tem outro detalhe que torna esse modelo ainda mais interessante:

> [O capitation] *pode ser parcial ou total/global, caso se aplique a alguns ou a todos os tipos de serviços prestados. O* Capitation *parcial, em geral, implica que o montante de recursos pagos* per capita *seja prospectivamente determinado e o orçamento só se aplica a alguns serviços (geralmente cuidados primários) prestados por um determinado centro médico ou uma rede de serviços, e todos os demais serviços (secundários ou terciários) são pagos fora do sistema de* capitation.*

UMA FORMA DE MITIGAR RISCOS É UTILIZAR O PAGAMENTO PROSPECTIVO E RECORRENTE EM SUBGRUPOS DE POUCA VARIAÇÃO CLÍNICA, COMO OS ATENDIMENTOS REALIZADOS POR MÉDICOS DE FAMÍLIA OU MÉDICOS DE REFERÊNCIA DA ATENÇÃO PRIMÁRIA (PRODUTO DE ENTRADA) E DEIXAR O FFS COMO MODELO COMPLEMENTAR PARA OS CASOS PONTUAIS E SELECIONADOS, COMO OS PROCEDIMENTOS DIAGNÓSTICOS E CONSULTAS COM ESPECIALISTAS.

> *O* capitation *vem sendo expressivamente adotado por diversos países para a remuneração de serviços de atenção primária.* [...]
>
> *Pode-se observar que uma combinação de* capitation *e* fee for service *predomina na atenção primária nos países citados* [OCDE],

---

* AGÊNCIA NACIONAL DE SAÚDE SUPLEMENTAR (ANS). *Valor em Saúde:* Guia para Implementação de Modelos de Remuneração baseados em valor. Rio de Janeiro, 2019.

especialmente nos grupos privados compostos por médicos e outros profissionais de saúde.

No contexto da atenção ambulatorial e de especialidades, o modelo predominante é ainda o FFS. [...]*

Quadro 5.2 Modelos de remuneração na Atenção Primária à Saúde, por países da OCDE — 2016

Atenção primária Organização predominante	Países	Remuneração do prestador de serviço					Remuneração médica			
		Capitação	FFS	P4P	Orçamen.	Outros	Salário	FFS	Capitação	Outros
Grupo privado composto por médicos e outros profissionais de saúde	Austrália	✓	✓	✓				✓		
	Dinamarca	✓	✓	✓				✓	✓	
	Irlanda	✓	✓					✓		
	Japão		✓					✓		
	Holanda	✓	✓	✓				✓	✓	
	Nova Zelândia	✓	✓	✓			✓	✓		
	Noruega	✓	✓				✓	✓		
	Polônia	✓	✓	✓		✓	✓			✓
	Reino Unido	✓	✓	✓			✓	✓	✓	
	Estados Unidos	✓	✓	✓		✓	✓	✓	✓	✓
Grupo privado composto por médicos	Canadá	✓	✓	✓				✓	✓	
	Itália	✓		✓			✓		✓	
Prática médica individual/ consultório	Áustria	✓	✓					✓	✓	
	Bélgica	✓	✓	✓				✓	✓	
	República Checa	✓	✓	✓				✓	✓	
	Estônia	✓	✓	✓				✓	✓	
	França		✓	✓				✓	✓	
	Alemanha	✓	✓		✓			✓	✓	
	Grécia		✓				✓	✓		
	Coreia		✓	✓				✓		
	Luxemburgo		✓					✓		
	Eslováquia	✓	✓	✓				✓	✓	
	Suíça		✓					✓		

FONTE: adaptada de AGÊNCIA NACIONAL DE SAÚDE SUPLEMENTAR (ANS). *Valor em Saúde:* Guia para Implementação de Modelos de Remuneração baseados em valor. Rio de Janeiro, 2019. Disponível em: https://www.gov.br/ans/pt-br/arquivos/assuntos/gestao-em-saude/projeto-modelos-de-remuneracao-baseados-em-valor/guia_modelos_remuneracao_baseados_valor.pdf. Acesso em: 24 ago. 2024.

* AGÊNCIA NACIONAL DE SAÚDE SUPLEMENTAR (ANS). *Valor em Saúde:* Guia para Implementação de Modelos de Remuneração baseados em valor. Rio de Janeiro, 2019.

BUNDLED PAYMENTS

O *bundled payments* é outro modelo de remuneração médica alternativo ao FFS baseado em valor, e não em volume. É o popular pagamento por pacote. Nesse modelo os prestadores de serviços assumem a responsabilidade pelo ciclo completo do tratamento de uma determinada condição de saúde, inclusive o custo com possíveis complicações.

> *A modalidade é denominada "Bundled" porque os pagamentos dos serviços podem ser realizados para diferentes prestadores e podem ser "agrupados" em um único pagamento. Pode ser prospectivo ou retrospectivo e esse valor é rateado entre os prestadores.*[*]

Bundled payment significa, em linhas gerais, o estabelecimento de um valor único para todos os serviços prestados no cuidado de um caso específico, em geral de alto custo.

Nesse modelo, uma cirurgia pode ser remunerada pelos procedimentos realizados antes, durante e após trinta dias da alta, com o valor dividido entre os vários profissionais envolvidos nessas etapas. Ele também faz parte da matriz do Guia ANS 2019 como alternativa ao FFS exclusivo. Na medicina privada esse modelo é muito utilizado nos pacotes de cirurgia plástica, por exemplo.

RECAPITULANDO O NOSSO PRIMEIRO PILAR

Existem modelos de pagamentos alternativos ao *fee for service* (FFS) em que são oferecidos cuidados da atenção primária para

---

[*] BACH *et al.*, 2011; BICHUETTI e MERE JR., 2016; MILLER, 2017; CENTER FOR MEDICARE & MEDICAID INNOVATION, 2015 citado por AGÊNCIA NACIONAL DE SAÚDE SUPLEMENTAR (ANS). *Valor em Saúde*: Guia para Implementação de Modelos de Remuneração baseados em valor. Rio de Janeiro, 2019.

uma lista de pacientes que o remuneram de forma prospectiva e recorrente, trazendo escala e previsibilidade de receita para o seu negócio, ao mesmo tempo que geram mais valor para esses pacientes. Eles agora não vão mais procrastinar, tendo previsibilidade de gastos para cuidar da sua saúde de forma preventiva e contínua, desafogando as emergências e reduzindo assim os custos excessivos com a saúde no longo prazo. Além disso, há opções para deixar fora dessa lista parcial (e assim ter um preço mais acessível) os serviços de especialidades da atenção secundária ou terciária, menos frequentes, que podem ser pagos sob demanda através do FFS ou *bundled payment*.

Isso sim é empreender solucionando problemas. Isso sim é disruptivo.

É O FIM DO JOGO DE SOMA ZERO NA SAÚDE.

É A SUA EMPRESA GANHANDO DINHEIRO NÃO SÓ PARA TRATAR UMA DOENÇA, MAS TAMBÉM PARA MANTER O SEU PACIENTE SAUDÁVEL.

Vantagens para os pacientes/clientes:
- Preços mais acessíveis e maior previsibilidade de gastos.
- Foco nos cuidados preventivos e da atenção primária de forma contínua (médicos de referência), reduzindo custos no longo prazo.
- Atendimento mais personalizado e humanizado por quem conhece o seu histórico.
- Diminuição da realização de procedimentos desnecessários e dispendiosos.
- Maior nível de consciência sobre prevenção e cuidados com a saúde.

Vantagens para as clínicas:
- Receita previsível e recorrente.
- Ampliação do mercado endereçável com diversificação de nichos.
- Fidelização de clientes e crescimento escalável.
- Boa relação LTV/CAC que só clientes fidelizados proporcionam.
- Serviços da atenção secundária e terciária sendo oferecidos em uma esteira de serviços (*upselling e cross selling*) de acordo com a

*É O FIM DO JOGO DE SOMA ZERO NA SAÚDE.
É A SUA EMPRESA GANHANDO DINHEIRO NÃO SÓ PARA TRATAR UMA DOENÇA, MAS TAMBÉM PARA MANTER O SEU PACIENTE SAUDÁVEL.*

demanda no modelo *fee for service*, ou *bundled payments*, e sem um novo custo de aquisição de cliente.

> **O NOSSO PRIMEIRO PILAR ESTÁ EM TOTAL ALINHAMENTO DE EXPECTATIVAS COM OS ÓRGÃOS REGULADORES (ANS E CFM), QUE INCENTIVAM MODELOS DE REMUNERAÇÃO MÉDICA BASEADOS EM VALOR (E NÃO EM VOLUME) PARA OS PACIENTES.**

Diferentes modelos de remuneração atendem a diferentes nichos de mercado, e isso, além de melhorar a performance da sua clínica com diversificação de receitas, ajuda na universalidade de acesso aos serviços de saúde.

Na Cia do Médico nós utilizamos um mix de modelos de remuneração prospectivo e retrospectivo, dependendo dos níveis de cuidado em saúde, do custo e da frequência desses cuidados e até mesmo do nicho demográfico dos pacientes. Portanto, são *cohorts** diferentes de clientes e modelos.

Os pacotes de serviços com pagamento recorrente — como o programa de acompanhamento pelos médicos de referência* — ampliaram o nosso nicho de mercado, fidelizando pacientes e trazendo previsibilidade de receita particular que não existia com as simples consultas isoladas. Apesar de não ser nenhuma novidade, talvez a nossa grande inovação tenha sido levar esse modelo para o *core business*** da nossa empresa, contrariando 96% do mercado de atendimentos *fee for service*. Não é à toa que esse é o primeiro pilar do nosso modelo de negócio.

---

*   *Cohort* = grupo de pessoas com características demográficas ou estatísticas em comum.
** *Core business* = negócio principal.

Você sabe o que é médico de referência?

É o profissional em quem o paciente confia e que coordena todas as suas informações e cuidados com a saúde, acompanhando-o de forma humanizada, contínua e personalizada.

É ter a "companhia do médico" focado não somente em doenças, mas na prevenção, centralizando todo o seu histórico e solucionando a maior parte das condições médicas. Uma porta de entrada e um guia confiável, mesmo quando o paciente precisa de um parecer de outros especialistas.

# 6.

Segundo pilar: economia da recorrência

Não existe escala sem recorrência. Você pode aprender a cobrar mais caro por uma consulta ou a vender os seus serviços para mais pacientes. Mas, se você quer realmente escalar a sua clínica e ter uma boa margem de faturamento, precisa de um modelo de negócio que seja recorrente. Um modelo no qual os seus pacientes comprem os seus serviços mais vezes e por mais tempo. Esse paciente tem CAC zero no segundo atendimento. E, quanto mais tempo ele permanece, maior o seu LTV.

Um crescimento escalável é uma relação LTV/CAC sustentável na qual o lucro vem ao longo do relacionamento contínuo com o cliente, e não em uma transação única.

Como diz o cientista do marketing Dener Lippert, CEO e *founder* da V4 Company, "a rentabilidade mora na retenção". Portanto, uma boa forma de aumentar a receita recorrente da sua clínica é simplesmente melhorando a retenção dos pacientes. Isso, por si só, já é uma estratégia escalável.

ALINHAMENTO PERFEITO

SE FORMOS ANALISAR BEM, A RETENÇÃO NA SUA CLÍNICA TEM UM ALINHAMENTO PERFEITO DE INTERESSES, POIS NADA PODE SER MELHOR PARA UM PACIENTE DO QUE TER UM RELACIONAMENTO DE LONGO PRAZO COM O SEU MÉDICO OU A SUA CLÍNICA DE REFERÊNCIA.

A vantagem da recorrência não é só a previsibilidade financeira, mas sobretudo a previsibilidade de saúde.

Primeiro o sucesso dos seus pacientes, depois o seu.

A APS permite cuidar dos seus pacientes de forma proativa e recorrente. Esse é o papel geralmente exercido por um médico da família ou pelos médicos de referência.

Em um modelo de recorrência em medicina, você não vende consultas isoladas. Você adquire clientes para a sua base e oferece cuidados preventivos e de manutenção da saúde de forma contínua.

Portanto, mesmo para aquelas unidades que têm serviços mais especializados e referenciados, a nossa recomendação é que nunca se afastem da atenção primária. Uma clínica escalável é aquela que se organiza em um ecossistema de serviços médicos, mas sempre tendo a APS como porta de entrada.

A ATENÇÃO PRIMÁRIA É A PORTA DE ENTRADA NA JORNADA DE QUALQUER PACIENTE. SE VOCÊ NÃO TEM ESSA SOLUÇÃO NO SEU MODELO DE NEGÓCIO, SE VOCÊ NÃO ABRE ESSA PORTA NA SUA CLÍNICA, O PACIENTE NUNCA SERÁ SEU CLIENTE.

O CLIENTE NO CENTRO DA ESTRATÉGIA

No livro *Desmarketize-se*,* João Branco traz o conceito do "novo marketing que não parece marketing".

Empresas de diferentes setores, principalmente as que trabalham com recorrência financeira, estão cada vez mais colocando o consumidor no centro das suas estratégias de marketing. As propagandas de produtos estão sendo substituídas por uma abordagem mais centrada em benefícios e expectativas do cliente. Não por acaso, quem adota essa abordagem tem experimentado uma ampliação no engajamento e na retenção dos seus clientes, gerando mais escala e faturamento.

À medida que o mercado evolui, os clientes procuram soluções mais convenientes, e essa tendência se espalhou para setores como

---

* BRANCO, João. *Desmarketize-se: O novo marketing não parece marketing.* São Paulo: Gente, 2023.

SE FORMOS ANALISAR BEM, A RETENÇÃO NA SUA CLÍNICA TEM UM ALINHAMENTO PERFEITO DE INTERESSES, POIS NADA PODE SER MELHOR PARA UM PACIENTE DO QUE TER UM RELACIONAMENTO DE LONGO PRAZO COM O SEU MÉDICO OU A SUA CLÍNICA DE REFERÊNCIA.

A ATENÇÃO PRIMÁRIA É A PORTA DE ENTRADA NA JORNADA DE QUALQUER PACIENTE. SE VOCÊ NÃO TEM ESSA SOLUÇÃO NO SEU MODELO DE NEGÓCIO, SE VOCÊ NÃO ABRE ESSA PORTA NA SUA CLÍNICA, O PACIENTE NUNCA SERÁ SEU CLIENTE.

saúde, beleza, alimentação, transporte e muitos outros. **O NOVO CONSUMIDOR VALORIZA MAIS O ACESSO DO QUE A PROPRIEDADE DAS SOLUÇÕES.** Dessa forma, a economia da recorrência ganhou popularidade, sendo um mercado que se expande em alta velocidade devido a alguns fatores-chave como conveniência, personalização, relacionamento mais próximo com os clientes, receitas previsíveis e fidelização.

MAS O QUE ISSO TEM A VER COM A SAÚDE?

O RELACIONAMENTO MAIS PRÓXIMO COM O CLIENTE QUE VEM SENDO EXPLORADO EM OUTROS SEGMENTOS DE MERCADO É MILENAR NA MEDICINA. A MEDICINA SEMPRE FOI UM BEM DE EXPERIÊNCIA.

Apesar de alguns serviços e especialidades estarem lamentavelmente perdendo isso, a relação médico-paciente continua sendo uma relação de confiança e referência, e nenhuma outra relação de consumo consegue ser mais próxima ou humanizada do que essa.

Se a sua clínica pretende trabalhar com um modelo de recorrência e ter um relacionamento de longo prazo com os pacientes, é quase sua obrigação ser intencional na entrega de um serviço de excelência, resgatando a medicina como um bem de experiência.

A consequência de adotar essa dinâmica é um relacionamento médico-paciente baseado em confiança e parceria, levando a melhores resultados financeiros e de saúde:

- **Vantagens para a sua clínica:** menor instabilidade financeira mesmo em momentos de crise; menor absenteísmo nas agendas; maior capacidade de investimentos; segurança para planejamentos mais eficientes; fidelização e vínculo com os pacientes que utilizam cada vez mais os serviços; preços mais acessíveis com a redução dos custos (CAC zero na recorrência); maior valorização da sua marca, inclusive para atrair investidores (geração de *equity*).
- **Vantagens para o paciente:** cuidados de saúde mais acessíveis e convenientes; incentivo à prevenção e manutenção da saúde; maior adesão e engajamento no longo prazo; e mais comprometi-

mento e participação ativa do paciente no tratamento das doenças crônicas, impactando diretamente os resultados.

Quando se tem um vínculo de recorrência com um médico de referência, mais do que atuar de forma preventiva, é possível que se exerça uma medicina preditiva. Enquanto a medicina preventiva se baseia em dados epidemiológicos, estatísticos e nas diretrizes, a medicina preditiva é centrada no risco individual e na avaliação dos seus sinais e sintomas. O grande diferencial está na proatividade do médico e na capacidade de detecção precoce de doenças, aumentando em até 95% a chance de cura de algumas delas.

No quadro a seguir, comparo uma consulta médica isolada e um acompanhamento contínuo típico das clínicas que trabalham com foco em recorrência.

Essa reflexão me fez chegar à seguinte conclusão: **UM PROGRAMA DE ACOMPANHAMENTO MÉDICO NÃO É A MELHOR FORMA DE CUIDAR DE UM PACIENTE COM DOENÇA CRÔNICA. É A ÚNICA.**

Quadro 6.1 Consulta isolada x Acompanhamento contínuo

		Consulta	Acompanhamento
Modelo	Atendimento	Transacional	Contínuo e recorrente
	Relação médico-paciente	Fria	Confiança e parceria
	Abordagem	Reativa (demanda)	Proativa
	Adesão	Baixa	Alta
	Nível de consciência	Baixo	Alto
	Cuidados preventivos	Não	Sim
	Relação	Consumo	Experiência
Resultado	Procrastinação	Sim	Não
	Resultado DCNT*	Baixo	Alto
	Custo no longo prazo	Alto	Baixo
	Satisfação	Menor	Maior

* DCNT: doenças crônicas não transmissíveis..
FONTE: elaborado pelo autor.

O NOVO CONSUMIDOR VALORIZA MAIS O ACESSO DO QUE A PROPRIEDADE DAS SOLUÇÕES.

*UM PROGRAMA DE ACOMPANHAMENTO MÉDICO NÃO É A MELHOR FORMA DE CUIDAR DE UM PACIENTE COM DOENÇA CRÔNICA.
É A ÚNICA.*

MODELOS DE RELAÇÃO MÉDICO-PACIENTE

Em 1972, o professor Robert Veatch, da Universidade Georgetown, definiu quatro modelos de relação médico-paciente:

1. **Modelo sacerdotal ou paternalista:** modelo mais arcaico e tradicional baseado na tradição hipocrática e que propõe a **completa submissão do paciente ao médico**. É também um modelo relacionado à beneficência e caridade. Apesar de a medicina como sacerdócio nos conectar com a grandeza da profissão, é exatamente daí que muitas vezes surgem os preconceitos quando um médico deseja empreender. Um modelo que ignora o médico como um prestador de serviços autônomo e que precisa ter lucro.

2. **Modelo engenheiro ou informativo:** é o inverso do sacerdotal. Nesse modelo, o médico é completamente passivo e com baixo envolvimento na jornada de tratamento. **Ele informa e executa procedimentos, mas a decisão é inteiramente tomada pelo paciente.** O médico preserva apenas a sua autoridade, e o paciente é visto como um cliente que demanda uma prestação de serviços médicos. Esse é um modelo que cresceu desde o relatório de Flexner (1910), que sugeriu a fragmentação da medicina em especializações, melhorando o conhecimento técnico, mas que infelizmente reduziu a aproximação entre médico e paciente a uma relação de consumo, diminuindo a importância dos conceitos que sustentam a medicina integrativa: abordagens tradicionais e terapias complementares de forma coordenada, enfatizando um atendimento holístico.

3. **Modelo colegial:** há um alto envolvimento entre o profissional e o doente, com decisões compartilhadas de forma igualitária por meio de uma negociação, mas sem relação de superioridade/inferioridade. **Não existe a caracterização de autoridade do médico como profissional, o que faz esse modelo perder a finalidade de uma relação médico-paciente**, equiparando-a a uma simples relação entre indivíduos iguais.

4. **Modelo contratualista:** é o mais indicado. Assim como no modelo colegial, há participação ativa do paciente e uma relação de experiência com **efetiva troca de informações e comprometimento de ambas as partes, sempre valorizando as habilidades do médico e preservando a sua autoridade** como detentor de conhecimentos e habilidades específicas, assumindo a responsabilidade pela tomada de decisões técnicas.

Para elevar o nível de consciência e garantir a adesão de um paciente, é preciso uma participação intensa dele, sobretudo nos tratamentos mais longos das doenças crônicas não transmissíveis. A relação médico-paciente em seu modelo contratualista é de extrema importância para alcançar esse vínculo de confiança, que não se limita às paredes do consultório.

Existe uma compreensão equivocada da origem da palavra "paciente". Esse termo passou a ser utilizado com a conotação de passividade, baseando-se em uma relação de dominação por parte do médico e de submissão por parte do paciente. Mas, na verdade, a palavra "paciente" tem origem grega e significa "aquele que sofre".*

Recorrência em medicina é a "Netflix da saúde"

No melhor estilo Netflix, no modelo de recorrência o paciente tem acesso a uma lista de serviços dentro de um centro médico (geralmente de cuidados primários), incentivando a sua permanência de longo prazo e uma relação médico-paciente contínua e duradoura — modelo contratualista.

O foco está na geração de valor (resultado:custo), na equidade de acesso, mas também na adesão e na qualidade percebida pelo seu paciente, que vai muito além de ter o seu problema médico resolvido.

* Adaptado de GOLDIM, José Roberto; FRANCISCONI, Carlos Fernando. *Modelos de relação médico-paciente*. 1999. Disponível em: https://www.ufrgs.br/bioetica/relacao.htm. Acesso em: 26 ago. 2024.

> **NO MODELO RECORRENTE, A SATISFAÇÃO COM O ATENDIMENTO IMPORTA TANTO QUANTO A SOLUÇÃO DO SEU PROBLEMA.**
>
> Todavia, é importante ressaltar que a relação médico-paciente não deve ser reduzida a uma simples relação de consumo. A medicina é um bem de experiência fundamentado em cuidados de saúde, confiança, empatia e responsabilidade. Embora a adesão e a satisfação do paciente sejam importantes, o foco principal continua sendo a tomada de decisões baseada em evidências, na ética e na autoridade médica. No entanto, quem consegue o equilíbrio de um atendimento de qualidade que também alcance as expectativas do paciente como cliente tem vantagem competitiva. E isso é *game changer*.*

Ter um modelo de atendimento médico baseado na recorrência é possível e faz bem para a saúde do seu paciente e da sua clínica. Mais do que atendimentos transacionais, uma clínica escalável tem foco na adesão, mas principalmente na retenção de clientes e nas diversas soluções para atendê-los de forma recorrente e contínua.

Essa abordagem é importante tanto nos cuidados preventivos quanto no contexto das DCNT, caso no qual a recorrência é fundamental para a adesão do paciente ao tratamento.

Isso gera valor para o paciente ao mesmo tempo em que aumenta a sua margem de lucro no longo prazo. Às vezes, a primeira consulta ou o primeiro atendimento nem é suficiente para cobrir o CAC.

O CUSTO DE RETENÇÃO DO CLIENTE (CRC)

LTV e CAC são indicadores extremamente conhecidos e úteis na tomada de decisões orientadas para o crescimento de uma empresa,

---

* *Game changer* = expressão que se refere a um "divisor de águas".

NO MODELO RECORRENTE, A SATISFAÇÃO COM O ATENDIMENTO IMPORTA TANTO QUANTO A SOLUÇÃO DO SEU PROBLEMA.

conforme veremos no capítulo 10. Mas existe outro indicador que costuma ser esquecido. É o caso do CRC (*customer retention cost*) ou custo de retenção do cliente.

Manter um cliente ativo custa até dez vezes menos do que conseguir um novo. Dados da Bain & Company mostram que 5% a mais na retenção é capaz de aumentar de 25% a 95% os lucros de uma empresa. Portanto, é muito mais barato trabalhar a retenção do que a aquisição de novos clientes.

É por isso que o seu relacionamento com um paciente jamais deveria acabar no fim de uma primeira consulta. Na verdade, ele deve começar a partir daí. O objetivo é o engajamento e a satisfação desses pacientes, que podem continuar ativos em sua base até mesmo em casos de resultados não tão favoráveis.

O FUNIL AMPULHETA

Certamente você já ouviu falar do funil de vendas, uma representação visual das etapas pelas quais um cliente passa desde o primeiro contato com a sua empresa até a venda do seu produto ou serviço. Geralmente, no topo do funil, estão aqueles *leads* (potenciais clientes) ainda pouco engajados com a sua solução. Na sua clínica, esse seria um cliente que visualizou uma publicação sua na internet, por exemplo. Ele nunca esteve nela, nem conhece os seus profissionais.

Conforme vai conhecendo melhor os serviços prestados, ou elevando o seu nível de consciência sobre a necessidade daquela consulta ou procedimento, o cliente vai descendo pelo funil e se torna o que popularmente chamamos de *lead* aquecido. Um *lead* aquecido também pode ser um cliente que foi indicado por algum outro paciente da sua base. A indicação aumenta em até 84% a chance de um novo cliente contratar o seu serviço, e por isso esse novo cliente, agora mais qualificado, percorre uma etapa menor no seu funil de conversão.

A GRANDE MAIORIA DOS EMPRESÁRIOS ERRA AO ACREDITAR QUE, ASSIM QUE O CLIENTE COMPRA O SEU PRODUTO OU CONTRATA O SEU SERVIÇO, IMEDIATAMENTE OS ESFORÇOS DA EQUIPE COMERCIAL JÁ PODERIAM SE VOLTAR PARA NOVAS PROSPECÇÕES E NOVAS VENDAS, IGNORANDO UMA JORNADA DO CLIENTE QUE SE INICIA EXATAMENTE A PARTIR DAÍ.

Assim surgiu o conceito do funil ampulheta, uma variação do funil tradicional, no qual a representação visual da jornada do cliente é distribuída de forma equilibrada tanto na pré-venda quanto na pós-venda.

No contexto da prestação de serviços de saúde, o objetivo é gerar um vínculo e se importar genuinamente com a experiência de um paciente no pós-consulta, que, tendo suas expectativas atendidas, ele se torna um embaixador da sua clínica, recomendando-a para outros clientes, se consultando mais vezes e aumentando a sua receita de forma escalável.

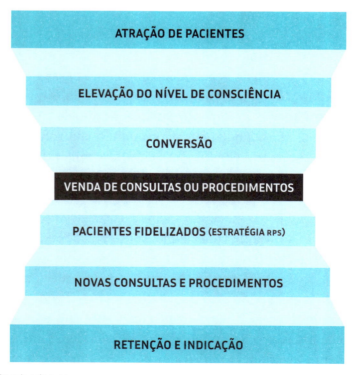

FONTE: elaborada pelo autor.

A GRANDE MAIORIA DOS EMPRESÁRIOS ERRA AO ACREDITAR QUE, ASSIM QUE O CLIENTE COMPRA O SEU PRODUTO OU CONTRATA O SEU SERVIÇO, IMEDIATAMENTE OS ESFORÇOS DA EQUIPE COMERCIAL JÁ PODERIAM SE VOLTAR PARA NOVAS PROSPECÇÕES E NOVAS VENDAS, IGNORANDO UMA JORNADA DO CLIENTE QUE SE INICIA EXATAMENTE A PARTIR DAÍ.

> **TUDO O QUE A SUA CLÍNICA PRECISA PARA ATINGIR ESSES OBJETIVOS É FAZER O BÁSICO BEM-FEITO. CUIDAR NÃO SÓ DA DOENÇA, MAS TAMBÉM DA EXPERIÊNCIA DO DOENTE. NA VERDADE, ISSO É EXERCER A MEDICINA COMO DEVERIA SER.**

ESTRATÉGIAS PRÁTICAS DE RETENÇÃO E BARREIRAS DE SAÍDA

A esta altura, você já descobriu formas de diversificar a receita da sua clínica. Além das transações ocasionais, agora sua clínica trabalha para adquirir e reter cada vez mais clientes na sua base, gerando uma receita previsível e recorrente com os programas de acompanhamento contínuo capazes de verdadeiramente escalar o seu negócio. As habilidades comportamentais do seu corpo clínico podem proporcionar uma vantagem competitiva na fidelização, baseada na melhor satisfação dos seus pacientes. Outra forma de também melhorar essa retenção é gerar valor por meio de estratégias práticas que são verdadeiras barreiras de saída, como vamos discutir a seguir.

1. SINERGIA COM OUTRAS EMPRESAS

Em um ecossistema de saúde, diversas empresas trabalham em sinergia reduzindo seus custos operacionais e melhorando sua performance com maior visibilidade e networking entre especialidades.

É muito comum que um mesmo paciente precise eventualmente de outra especialidade ou serviço. Se ele encontra isso em uma espécie de esteira de serviços e soluções que essas empresas oferecem em sinergia, é bem provável que não vá buscar em outra unidade. Esse paciente fica cada vez mais satisfeito e engajado com essas soluções, aumentando a retenção e a monetização destas empresas.

TUDO O QUE A SUA CLÍNICA PRECISA PARA ATINGIR ESSES OBJETIVOS É FAZER O BÁSICO BEM-FEITO. CUIDAR NÃO SÓ DA DOENÇA, MAS TAMBÉM DA EXPERIÊNCIA DO DOENTE. NA VERDADE, ISSO É EXERCER A MEDICINA COMO DEVERIA SER.

2. TELEMEDICINA COM PRONTO ATENDIMENTO ON-LINE 24 HORAS

Recentemente regulamentada pelo CFM por meio da Resolução nº 2.314/2022, a telemedicina vem crescendo como uma opção viável e segura para a prestação de serviços de saúde.

O pronto atendimento on-line 24 horas é uma das grandes vantagens da telemedicina, pois possibilita que o paciente seja atendido de forma imediata a qualquer horário do dia, seja em uma emergência ou apenas para orientações médicas fora do horário comercial.

Os clientes recorrentes são previamente cadastrados em uma plataforma que dá acesso a esse serviço com apenas alguns cliques na tela do celular. Muitas demandas de saúde podem ser resolvidas nesse tipo de atendimento, desafogando os serviços presenciais, inclusive as emergências. Isso aprimora a percepção de valor com a clínica, melhorando também a taxa de retenção.

3. DESCONTOS EM OUTROS SERVIÇOS

Quem é que não gosta de um desconto? Ter uma parceria comercial com um cartão de desconto em saúde pode agregar muito valor para o seu serviço. Mas não pode ser qualquer parceria.

Uma parceria comercial prevê que ambas as partes tenham interesse e benefícios mútuos. No caso dos cartões de desconto em saúde, quando se assina um contrato de parceria com uma nova clínica, por exemplo, o que se espera é que tanto a operadora do cartão aumente a sua base de clientes (por ampliar cada vez mais a sua rede credenciada de parceiros) quanto a clínica aumente a sua receita ou melhore a ociosidade dos seus ativos e profissionais com esses atendimentos em escala. Ou seja, para que haja alguma vantagem comercial para o prestador, precisa haver uma demanda razoável.

DESDE 2019, O CONSELHO FEDERAL DE MEDICINA RETIROU A VEDAÇÃO DO VÍNCULO DE MÉDICOS E PRESTADORES DE SERVIÇOS DE SAÚDE PARA ATENDEREM OS CHAMADOS CARTÕES DE DESCONTOS EM SAÚDE (RESOLUÇÃO CFM Nº 2.226/2019).

Em 2020, no início da Cia do Médico, já tínhamos algumas parcerias comerciais para atender cartões de descontos. Até que percebemos que essas parcerias eram unilaterais e extremamente injustas com os nossos próprios pacientes.

As empresas de cartões de descontos em saúde que vinham nos procurar para fazer parte da sua rede de parceiros não entregavam uma demanda razoável que justificasse o nosso ajuste no preço. Nossa clínica não atendia mais do que um ou dois clientes dessas empresas por mês, e para nós não fazia qualquer sentido conceder descontos a esses clientes se os nossos próprios clientes (em maior volume) pagavam o preço integral.

Como somos um ecossistema com várias empresas médicas independentes (com autonomia e personalidade jurídica), compartilhando espaços e serviços de *facilities*,* não seria difícil organizar parcerias comerciais com elas para oferecer descontos à nossa própria lista de pacientes recorrentes.

Assim, sugerimos uma inversão da lógica de mercado. No lugar de atender e conceder descontos a uma lista de pacientes totalmente aleatória, seriam os nossos pacientes recorrentes — aqueles que de alguma forma já tivessem algum programa ou pacote de serviços com vínculo duradouro e contínuo com a nossa clínica — que teriam a partir de então descontos nos demais serviços em qualquer uma das empresas em parceria comercial. Agora sim uma parceria com benefício mútuo e focada no paciente.

Nesse sistema ganha-ganha:

1. **Ganham os pacientes:** com descontos relevantes em uma ampla e crescente rede de parceiros independentes.
2. **Ganha a operadora de cartões de descontos:** com *leads* mais qualificados e assinantes mais engajados e retidos na sua base.
3. **Ganha o ecossistema:** atendendo a uma demanda garantida de clientes mais fidelizados, tanto nos serviços já contratados quan-

* Serviços de *facilities* = serviços de infraestrutura de uma empresa não ligados à sua atividade-fim.

to nos adicionais oferecidos fora de pacotes ou nos programas de acompanhamento.

MITOS E VERDADES SOBRE OS CARTÕES DE DESCONTOS

A ANS reconhece sua legalidade, mas afirma: os cartões de descontos não garantem assistência integral à saúde.
VERDADE. A atividade dos cartões de descontos não se confunde com a de um plano de saúde. Ela não garante nem se responsabiliza pelo pagamento das despesas, tampouco faz a intermediação da assistência integral aos serviços de saúde. Mas, desde que isso fique bem claro para o usuário, não há nenhum impedimento para a sua comercialização. Além do mais, isso não diminui a sua importância em proporcionar o acesso a serviços ambulatoriais de baixa complexidade para milhões de brasileiros que não podem pagar por um plano de saúde ou que desejam mais do que o SUS pode oferecer.

Os cartões de descontos induzem o consumidor a acreditar que estão comprando um plano de saúde.
MITO. Essa é uma generalização equivocada. Se uma ou outra empresa atua de forma inadequada, existem leis e normas regulatórias para puni-las e multá-las. As empresas sérias que não ultrapassam os limites da Lei dos Planos de Saúde (Lei nº 9.656/98) nem fazem uso de promessas desleais, trabalham fora do alcance regulatório da ANS. Isso fica óbvio até mesmo pelo preço. Uma mensalidade média de um plano de saúde adulto pagaria quase dois anos de uma mensalidade típica de um cartão de desconto em saúde. Não dá para confundir, né?!

O Conselho Federal de Medicina tem parecer favorável à atividade.
VERDADE. A Resolução nº 2.226/2019 do CFM tornou os cartões de descontos uma realidade incontestável no setor de saúde.

Essa mudança de entendimento ocorreu em face de um julgamento do Conselho Administrativo de Atividade Econômica (Cade), que condenou o CFM por práticas anticompetitivas. Em 2023, o Conselho Federal de Odontologia (CFO) foi condenado pelo Cade pela mesma prática anticompetitiva.

O QUE PENSO SOBRE OS CARTÕES DE DESCONTOS

A minha sugestão é que você não faça disso o *core business* da sua clínica médica.

Apesar de concordar que esses cartões sejam uma realidade incontestável no setor da saúde (atualmente mais de 40 milhões de brasileiros assinam um cartão de desconto em saúde), eu prefiro tê-los como um bônus para clientes fidelizados — uma parceria comercial exclusiva para gerar mais valor e incrementar as minhas estratégias de engajamento e retenção — e não comercializar exclusivamente os descontos.

Ou a sua clínica monetiza com aquele cliente esporádico que paga o preço cheio e tabelado pelo seu serviço, ou você monetiza na retenção e usa os descontos como um bônus para fidelizar clientes. Cartão de desconto em saúde deve ser utilizado sempre como uma estratégia de retenção, e nunca de venda.

SE O DESCONTO É O SEU MELHOR ARGUMENTO DE VENDA, O SEU SERVIÇO TEM PREÇO, E NÃO VALOR. MAS PREÇO NÃO GARANTE RECORRÊNCIA. ESPECIALMENTE NA SAÚDE, O CLIENTE DE VERDADE QUER SOLUÇÃO.

SE O DESCONTO É O SEU MELHOR ARGUMENTO DE VENDA, *O SEU SERVIÇO TEM PREÇO, E NÃO VALOR.* MAS PREÇO NÃO GARANTE RECORRÊNCIA. ESPECIALMENTE NA SAÚDE, *O CLIENTE DE VERDADE QUER SOLUÇÃO.*

7.

Terceiro pilar: compartilhamento de custos

Os dois primeiros pilares abordados até aqui foram basicamente instrumentos para a prestação do serviço final baseada tanto em recorrência de atendimento quanto financeira.

Os dois próximos têm a ver com a estruturação de ativos para redução de custos da sua clínica e empresas parceiras, sendo pilares complementares e partes integrantes de uma estratégia inovadora que norteou um dos propósitos da rede Cia do Médico: ser um ecossistema de serviços de saúde.

A economia compartilhada é um modelo econômico com foco no compartilhamento de bens, serviços e recursos entre indivíduos ou empresas de forma mais eficiente e sustentável.

No nosso modelo de negócio, as empresas parceiras compartilham espaços e serviços de *facilities* que reduzem até pela metade o seu custo operacional fixo (Opex).

Existem vários exemplos do uso desse modelo em outros segmentos de mercado, mas, especificamente na saúde, a Cia do Médico tem sido pioneira em adotar esse pilar como premissa para a abertura de novas unidades.

Na nossa comunicação, costumamos dizer que não somos uma clínica médica. Somos uma rede de consultórios e *medical center*. Pode parecer a mesma coisa do ponto de vista do cliente, mas existe uma diferença enorme na estruturação dos ativos, no custo e na eficiência dessas empresas quando utilizamos esse modelo econômico.

ÀS VEZES TUDO QUE VOCÊ PRECISA É PENSAR COMO CLIENTE

Devido à natureza diversificada da prática médica, os profissionais de saúde e as empresas prestadoras de serviços geralmente se especializam em áreas específicas, se concentrando nas suas competências principais, facilitando a gestão do seu negócio e consequentemente reduzindo riscos.

Por outro lado, não podemos ignorar o fato de que um consumidor gosta de conveniência, comodidade e variedade. Ou seja, enquanto de um lado você, como prestador de serviços, quer se concentrar na sua área de atuação e especialidade, empreendendo em uma jornada solo, do outro existe um paciente que busca a conveniência de ter uma ampla oferta de serviços em um só lugar.

Quem empreende sabe que a oportunidade mora no problema. **TER O PROBLEMA DE UM CONSUMIDOR RESOLVIDO VALE O AJUSTE NO SEU MODELO DE NEGÓCIO.** Às vezes, é um ajuste fino e tão simples que você nem acredita como alguém não pensou naquilo antes.

Lembra quando falei que o nosso nome tinha duplo significado? Além de sermos "companhia" para os nossos pacientes, existe outro propósito escrito no nosso DNA. Está na hora de falarmos dele.

COMPANHIA DO MÉDICO: "UMA EMPRESA FEITA DE MÉDICOS"

A Cia do Médico nasceu como um coworking de empresas médicas. Uma solução para o dilema entre a oferta das empresas que prestam serviços cada vez mais exclusivos e a demanda de um mercado que busca a conveniência de serviços cada vez mais amplos.

Nas nossas unidades, o profissional pode alugar consultórios por hora ou temporariamente ou até mesmo instalar a sua empre-

TER O PROBLEMA DE UM CONSUMIDOR RESOLVIDO VALE O AJUSTE NO SEU MODELO DE NEGÓCIO.

sa em um dos nossos espaços corporativos, criando raízes no nosso ecossistema com total autonomia e personalidade jurídica.

Até aí, nenhuma novidade. Existem diversos centros médicos onde você aluga ou compra uma sala e se posiciona estrategicamente próximo a outros profissionais. Eu mesmo já tive um consultório de 30 metros quadrados em um desses centros médicos. Mas vamos falar a verdade? Não existe nenhum networking nesses grandes centros. Com sorte você pega um elevador com o seu vizinho de porta e depois de muito tempo descobre que ele também é médico. E muitas vezes até seu "concorrente" de especialidade. **PARA QUE HAJA NETWORKING, NÃO BASTA ESTAR PERTO. É PRECISO ESTAR JUNTO.**

O nosso grande diferencial foi incentivar a vinda desses parceiros não só para instalar o seu consultório ou sua clínica próximos uns dos outros, mas também para compartilhar soluções operacionais diante das dificuldades que eu mesmo já havia sentido na pele, por exemplo, os custos excessivos para manter uma clínica ou consultório ativo; ou criar uma rede de networking sem concorrência, que realmente funcionasse e gerasse demanda.

Resolvidas essas questões, a solução também atenderia a um mercado endereçável gigantesco que busca a conveniência de serviços de saúde em um só lugar.

FOI ASSIM QUE MÉDICOS E EMPRESAS SE TORNARAM NOSSOS PARCEIROS

Segundo dados do Instituto Brasileiro de Geografia e Estatística (IBGE), quase 60% das empresas fecham as portas antes de completar cinco anos. E, caso você não tenha um bom modelo de negócios, com planejamento financeiro bem executado, com boa margem e demanda suficiente para atravessar a sua jornada até o ponto de equilíbrio, é bem provável que um dia a sua empresa faça parte dessa estatística.

No caso de clínicas e consultórios, existem mais de dez despesas mensais que muitas vezes passam despercebidas, mas que pre-

PARA QUE HAJA NETWORKING, NÃO BASTA ESTAR PERTO. É PRECISO ESTAR JUNTO.

judicam a sua margem, adiando o seu ponto de equilíbrio. Aluguel, telefonia, internet, serviços de TI, laudo de potabilidade da água, coleta de lixo orgânica e biológica, equipe de limpeza, faturistas, recepcionistas, segurança, marketing e equipe de vendas são apenas alguns exemplos desses custos fixos.

Perceba que esses são custos que não têm muito a ver com a sua atividade principal, e quase nenhum dono de clínica considera isso no estudo de viabilidade do seu negócio. Mas, muitas vezes, são esses mesmos custos fixos que consomem todo o seu fluxo de caixa, e sem uma reserva você se vê obrigado a encerrar as suas atividades.

Isso jamais deveria acontecer em um mercado com tanta demanda reprimida quanto o de serviços de saúde. Na maioria das vezes, não há nada de errado com a sua margem bruta. Porém, essas despesas fixas consomem todo o seu capital de giro antes que a sua empresa consiga sair do vermelho. Mesmo sendo um negócio promissor, nem sempre é possível subsidiar as despesas a tempo.

PONTO DE EQUILÍBRIO ANTECIPADO

Foi assim, pensando numa situação inicialmente despretensiosa, que criei um conceito chamado "ponto de equilíbrio antecipado".

SE A MAIOR CAUSA DE AS EMPRESAS QUEBRAREM É A FALTA DE FLUXO DE CAIXA ANTES DE ATINGIREM O SEU *BREAKEVEN** — E EU JÁ HAVIA PASSADO POR ISSO —, EU PRECISAVA PENSAR EM UM MODELO DE NEGÓCIO EM QUE O PONTO DE EQUILÍBRIO ACONTECESSE MAIS RÁPIDO, OU QUEM SABE JÁ INAUGURASSE "BREAKVADO".

Foi aí que comecei a estudar sobre economia compartilhada e estratégia *asset light*, além de maneiras de viabilizar esses conceitos em um negócio tão tradicional e personalíssimo quanto os serviços de saúde.

*   *Breakeven* = ponto de equilíbrio de uma empresa, onde as receitas se igualam às despesas.

Eu me lembro de ter tido um insight específico sobre centros cirúrgicos que me deu uma direção bem clara sobre por onde começar a seguir.

Imagine se todo cirurgião precisasse ter um centro cirúrgico para operar os seus pacientes! Seria incalculável a quantidade de ativos como respiradores, maca, foco, carrinho de anestesia, autoclaves, leitos de RPA (recuperação pós-anestésica), instrumentadores, enfermeiros, enfim, uma lista enorme de equipamentos e pessoas, e certamente os seus serviços não teriam um *return on investment* (ROI)* positivo.

Um centro cirúrgico não deixa de ser um espaço de coworking médico onde o compartilhamento de bens, serviços e recursos reduz o custo para aqueles profissionais que operam seus pacientes compartilhando esses ativos com outros médicos. Macroeconomia compartilhada pura e na veia.

O mais interessante é que isso já existia bem antes de surgir o próprio conceito de coworking ou de economia compartilhada. Aquela velha história do *rebranding*, em que um novo nome surge apenas para reposicionar antigos conceitos.

Foi então que pensei: se funciona para os médicos de um centro cirúrgico, precisa funcionar para um serviço de consultórios e *medical center*.

Dessa forma, os médicos e empresas que quisessem ser parceiros em nossas unidades teriam que, antes de mais nada, experimentar uma redução de custos com o compartilhamento de recursos, principalmente aqueles que não fossem de sua competência principal.

Quanto mais médicos e empresas parceiras, maior o networking entre eles. E, seguindo o mesmo raciocínio de uma rede hospitalar, os serviços seriam de um único médico ou de uma equipe a cada unidade, criando um conceito de networking sem concorrência, algo que não se vê em um *medical center* tradicional.

* *Return on investment* (ROI) = retorno sobre o investimento.

Mas ainda existiria outro problema: médicos são vaidosos.

Então eu precisava garantir a autonomia e a personalidade jurídica de cada empresa parceira, valorizando a sua marca de forma independente, ainda que dentro de uma mesma unidade ou do mesmo ecossistema.

Ajustes sutis na arquitetura dessas unidades precisariam garantir essa experiência sensorial de que, apesar de formar um ecossistema único de empresas parceiras, cada uma delas teria sua identidade e sua personalidade próprias.

É lógico que isso teria um custo de aluguel para essas empresas. Mas esse custo vai existir em qualquer lugar onde elas forem se instalar, portanto não poderia ser uma objeção para a nossa oferta de negócio. Ainda mais quando a economia gerada com o compartilhamento de recursos e a demanda orgânica de pacientes que essas empresas experimentam geralmente compensa o valor do aluguel.

Do ponto de vista do gestor do ecossistema, surgiria ainda uma diversificação de receita, agregando uma receita B2B inovadora por meio de aluguéis.

Raciocine comigo: se os serviços são complexos e cada empresa médica quer se concentrar em uma única especialidade; se elas querem compartilhar serviços de *facilities* reduzindo os seus custos de existir; se querem ter um networking sem concorrência que realmente gere demanda, a gente só precisa de um espaço para colocar todas essas empresas juntas.

Uma estratégia simples, mas que traz solução para todos os agentes envolvidos:

- **Para os pacientes:** eles enfim têm a conveniência de uma ampla lista de serviços em um só lugar. E ainda com descontos para clientes fidelizados.
- **Para as empresas parceiras:** redução dos custos de existir com economia compartilhada; networking sem concorrência — sem outras empresas do mesmo segmento na mesma unidade —;

além de um excelente ponto comercial, com visibilidade e demanda garantida.

- **Para o gestor do ecossistema:** diversificação de receitas B2C e B2B, agregando outros serviços especializados; criando um ecossistema de saúde que gera mais valor aos pacientes; e monetizando por meio de aluguéis que aceleram o ponto de equilíbrio da unidade.

8.

Quarto pilar: estratégia *asset light*

A medicina é um campo de atuação complexo com diversas especialidades e serviços. Assim, é praticamente impossível para uma única clínica oferecer todos os serviços médicos disponíveis.

Uma tentativa nessa direção envolveria investimentos multimilionários em ativos, seja de equipamentos ou pessoas. Isso é o oposto do que propõe uma estratégia *asset light*.

A estratégia *asset light* é uma busca por redução de ativos empresariais, seja através de terceirização, parceria ou compartilhamento de recursos, mantendo o mínimo necessário para seguir com as suas operações. Em português, seria algo como ser "leve em ativos".

Como você pode perceber, esse é um pilar complementar ao anterior, pois quanto maior o compartilhamento, mais leve e flexível se torna a sua empresa.

SE A SUA CLÍNICA TERCEIRIZA OU FAZ PARCERIA COM OUTROS SERVIÇOS DE SAÚDE QUE NÃO SEJAM O SEU NEGÓCIO PRINCIPAL, NESSE CASO VOCÊ ESTARIA CRIANDO UM ECOSSISTEMA DE SAÚDE E GERANDO AINDA MAIS VALOR PARA A SUA EMPRESA E SEUS PACIENTES, MESMO COM BAIXO INVESTIMENTO EM ATIVOS (CAPEX).

A Uber é um exemplo claro de uma estratégia *asset light*. É uma empresa global que oferece serviços de transporte, mas não fazem parte dos seus ativos nem os carros nem os motoristas. Imagine o poder de escala e flexibilidade de uma operação como essa!

UM MODELO MUDA TUDO

A ideia por trás da estratégia de ter uma unidade híbrida de consultórios e *medical center* era entregar o máximo de soluções para os pacientes com o mínimo de investimento em ativos. Uma ideia que contraria a afirmação de que uma unidade precisaria de investimentos multimilionários para oferecer uma ampla gama de serviços médicos.

Mas um modelo muda tudo.

Assim como no caso da Uber, sendo um ecossistema híbrido de consultórios e *medical center*, não haveria necessidade de investimentos multimilionários em ativos por uma única empresa para que mais serviços de saúde pudessem estar disponíveis a todos os pacientes.

Nesse modelo de negócio, muitas vezes o ativo de um único parceiro é maior que o investimento total da unidade gestora. Nossa unidade matriz, por exemplo, tem um equipamento de tomografia de uma empresa parceira que custou quase 3 milhões de reais, investimento duas vezes maior que a montagem da própria unidade.

Uma estratégia *asset light* em um ecossistema de saúde libera mais recursos financeiros para investimento em pesquisas e tecnologias que vão melhorar a performance da empresa. Ela também permite adaptação rápida às mudanças de mercado. Um descredenciamento que antes fechava sua empresa por conta de um Opex e de um Capex elevados agora não abala tanto uma operação que tem diversificação de receitas e flexibilidade para redirecionar esforços e recursos para modelos com maior potencial de crescimento e escala.

Mas o grande benefício percebido de uma empresa que segue uma estratégia *asset light* está mesmo é na busca constante dessa empresa por melhorar a qualidade do seu atendimento. Com serviços especializados terceirizados, a unidade se concentra em otimizar a percepção de valor dos pacientes dentro desse ecossistema. Nosso compromisso é também com a experiência do paciente, independentemente dos seus resultados alcançados, seja para um cuidado de prevenção ou para o tratamento de uma doença.

UM ECOSSISTEMA DE SERVIÇOS DE SAÚDE É COMO UM "SHOPPING DA MEDICINA". A CONVENIÊNCIA, A COMODIDADE E A VARIEDADE QUE SURGEM COM ESSE MODELO DE NEGÓCIO AUMENTAM O ENGAJAMENTO E A RETENÇÃO DOS PACIENTES. Uma vez satisfeitos com o atendimento, os pacientes não pensam em abandonar os serviços e se tornam verdadeiros embaixadores da nossa marca.

DO MÉDICO AO PACIENTE, TODO MUNDO É NOSSO CLIENTE

Quando reflito sobre os quatro pilares do nosso modelo de negócio, percebo que ele atende às expectativas e às demandas de todos os agentes envolvidos. Há um alinhamento de interesses e soluções para pacientes, médicos, empresas de saúde e para o próprio gestor do ecossistema.

Ter um ponto de equilíbrio antecipado ou iniciar "breakvado" por meio de receitas fixas com os aluguéis das empresas parceiras permite que a margem bruta da operação principal seja praticamente igual à margem líquida.

Isso gera um crescimento escalável para um serviço até então tradicional e personalíssimo, no qual jamais se vislumbrava uma geração de valor e *equity*.

A ideia inovadora de que "do médico ao paciente, todo mundo é nosso cliente" estava ali havia anos no dia a dia de um centro cirúrgico, sem que ninguém olhasse sob a perspectiva do hospital, que tem tanto o médico quanto o paciente como seus clientes.

É uma ideia tão simples que até hoje eu mesmo não consigo acreditar nos resultados que ela proporciona. A liberdade financeira que essa ideia me trouxe e a sensação de descobrir que ainda existe receita além dos plantões e dos atendimentos aos planos de saúde me inspiraram a escrever este livro e compartilhar a minha história com você. E, para falar a verdade, ela está só começando.

UM ECOSSISTEMA DE SERVIÇOS DE SAÚDE É COMO UM "SHOPPING DA MEDICINA". A CONVENIÊNCIA, A COMODIDADE E A VARIEDADE QUE SURGEM COM ESSE MODELO DE NEGÓCIO AUMENTAM O ENGAJAMENTO E A RETENÇÃO DOS PACIENTES.

9.

Ecossistema de saúde escalável: a evolução da clínica médica

> SAÚDE ESCALÁVEL REMETE TANTO À INOVADORA CAPACIDADE DA SUA CLÍNICA EM ESCALAR RECEITAS EM UM MODELO ATÉ ENTÃO TRADICIONAL QUANTO AOS CUIDADOS DE SAÚDE PERSONALIZADOS E RECORRENTES QUE BUSCAM MANTER O PACIENTE CADA VEZ MAIS SAUDÁVEL, EM TROCA DE SÓ TRATAR DOENÇAS.

Nosso modelo de negócio é um ecossistema de saúde escalável. Como você percebeu, nossos pilares geram soluções para escalar a saúde dos seus pacientes e a saúde financeira da sua clínica. Porém, essa não é mais uma clínica convencional.

As três estratégias a seguir são importantes em qualquer negócio que precise melhorar receita, e certamente elas vão aumentar o faturamento da sua clínica. Mas apenas uma delas gera crescimento escalável, tanto de saúde quanto financeiro do seu ecossistema:

1. **Vender mais caro:** essa é uma estratégia *high ticket*. Geralmente exige um médico especialista que se destaque na sua cidade ou no seu bairro, com autoridade inquestionável em determinado assunto e um bom investimento em *personal branding*.
2. **Vender para mais pessoas:** otimização de sua agenda reduzindo o absenteísmo, mas naturalmente é uma estratégia sem escala, pois tem a própria agenda como limitador.

3. **Vender o acesso:** essa é a única estratégia escalável para a sua clínica. Você troca as vendas transacionais por aquisição de pacientes/clientes e oferece uma esteira de outros serviços disponíveis, vendendo mais vezes para o mesmo paciente. Esse paciente, além de trazer receita previsível e recorrente, tem cac zero na próxima compra e um ltv geralmente maior. Mas o melhor benefício está mesmo é no acesso contínuo desse paciente aos demais serviços que promovem a sua saúde escalável.

Você deve estar se perguntando: "Tá bom. Mas, então, como faço para vender esse acesso?".

A primeira coisa é mudar o pensamento tradicional de que a sua clínica presta um serviço passivo e se afastar da ideia de ser como aquela academia sem matrícula que todos os dias aguarda o aluno entrar pela porta da frente.

VOCÊ PRECISA DE UM PRODUTO DE ENTRADA

Existe um conceito muito utilizado em produtos e serviços digitais que é o *front-end*, ou produto de entrada. Geralmente, ele é a primeira oferta de uma esteira de produtos ou serviços a que a sua audiência terá acesso. Essa esteira é uma sequência lógica de soluções que você vai oferecer aos seus clientes recorrentes.

Você também já sabe que a aps é a porta de entrada na jornada de qualquer paciente. É nesse nível de atendimento que são tiradas as primeiras dúvidas, feitos os primeiros exames diagnósticos ou a elevação do nível de consciência do problema de um paciente. Uma vez que precise de um diagnóstico mais aprofundado, do parecer de um especialista ou de uma abordagem curativa mais específica, ele é naturalmente direcionado aos níveis da atenção secundária e terciária da nossa rede parceira, exatamente como acontece nas esteiras de produtos ou serviços de outros segmentos.

Entender isso faz você perceber a importância da APS para uma clínica que deseja atrair e fidelizar pacientes.

Somente a APS permite abordar o paciente de forma proativa e não somente reativa, como nos demais níveis de atendimento.

Por se tratar de cuidados preventivos e de manutenção da saúde, geralmente as clínicas que trabalham nesse nível de atendimento atuam promovendo soluções em saúde e prospectando novos clientes. Nesse nível de atendimento, não se espera que o paciente venha até você: você e a sua clínica que vão trabalhar para impactar positivamente na saúde do maior número possível de pessoas.

Portanto, a APS, além de melhorar resultados em saúde de forma mais custo-efetiva reduzindo intercorrências e prevenindo doenças futuras, também pode ser usada como uma poderosa estratégia de marketing, promovendo saúde que atrai e fideliza pacientes, gerando confiança e lealdade com a sua clínica ou com seu ecossistema de

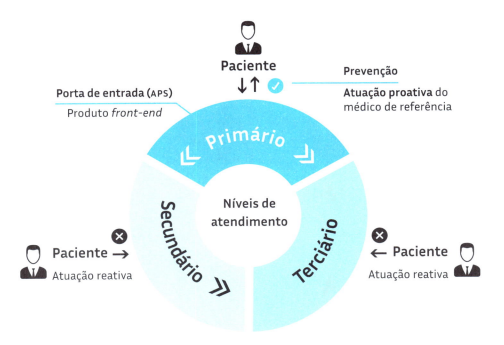

saúde que eventualmente ainda poderá oferecer serviços mais avançados ou complementares.

> **A APS É O "PRODUTO" DE ENTRADA EM UMA CLÍNICA OU EM UM ECOSSISTEMA QUE OFERECE DIVERSOS SERVIÇOS DE SAÚDE.**

Ao utilizar a APS como produto de entrada, a clínica atrai pacientes oferecendo acesso a serviços básicos e essenciais. Uma vez que estejam satisfeitos tanto com os resultados quanto com o atendimento, eles podem estar mais propensos a utilizar as demais soluções oferecidas como as especialidades médicas, exames mais complexos, procedimentos cirúrgicos, entre outros.

COMO FIDELIZAR ESSES PACIENTES?

É importante considerar que os serviços da Atenção Primária à Saúde que atraem os pacientes para a sua clínica em geral são os que enfrentam uma enorme concorrência de mercado.

Por não se tratar de um serviço especializado ou referenciado, a APS acaba sendo influenciada muito mais pela experiência com o atendimento do que pela necessidade do paciente na sua clínica. A qualquer mínimo deslize nesse sentido, ele tem a liberdade de trocá-la por uma concorrente de acordo com a preferência dele.

Para se destacar nesse mercado competitivo, a satisfação do paciente influencia tanto quanto a solução do seu problema. O cliente nesse nível de atendimento avalia e valoriza muito mais as habilidades comportamentais (*soft skills*) do seu corpo clínico do que o conhecimento técnico (*hard skills*) dele.

A REGRA DOS 7%-38%-55%

A maneira como nos expressamos por meio de gestos, expressões faciais e postura pode transmitir muito mais do que as palavras que utilizamos. Na relação médico-paciente, a comunicação não verbal

A APS É O "PRODUTO" DE ENTRADA EM UMA CLÍNICA OU EM UM ECOSSISTEMA QUE OFERECE DIVERSOS SERVIÇOS DE SAÚDE.

desempenha um papel crucial na construção de confiança, empatia e compreensão mútua.

Você provavelmente já ouviu falar da regra 7%-38%-55%, que sugere que a maior parte da comunicação e da compreensão em uma interação é influenciada pela linguagem corporal e pela expressão não verbal. Nessa fórmula, apenas 7% representam o conteúdo do que se fala, 38% simbolizam o tom de voz e a forma como as palavras são ditas e 55% se referem à linguagem corporal, como expressões faciais e outros gestos, toques e posturas, que no contexto de uma relação médico-paciente podem ajudar a criar um ambiente de conexão positivo e demonstrar interesse genuíno no bem-estar do paciente.

Em breve, não existirá mais espaço para aquele médico que mal te olha ou examina, ainda que ele seja referência técnica e tenha plena convicção dos argumentos transmitidos na consulta. Se não houver conexão, não haverá adesão nem engajamento por parte do paciente.

ESTRATÉGIA RPS

Com base nessas premissas comportamentais, criei o conceito da estratégia RPS, que tem como objetivo fidelizar os pacientes à sua clínica, com abordagens que vão muito além de somente ter a habilidade técnica para tratar uma doença. A estratégia RPS é um acrônimo para:

RESULTADO
PROATIVIDADE
SATISFAÇÃO

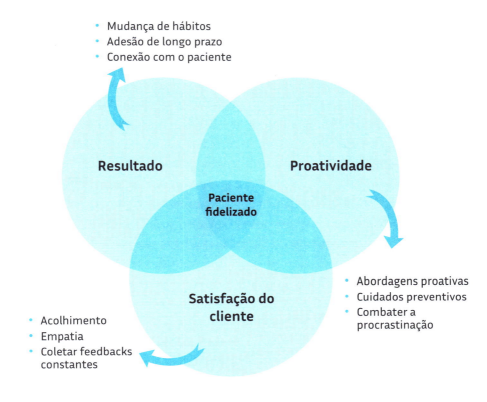

FONTE: elaborada pelo autor.

Resultado: isso é quase uma obrigação, mas ainda assim nem sempre um resultado é atingido. Toda clínica deveria se esforçar para garantir que os pacientes alcançassem os resultados desejados em relação à sua saúde. Mas atualmente vivemos a era das doenças crônicas não transmissíveis. No contexto dessas doenças, os resultados dependem muito mais das mudanças de hábito e da adesão do paciente ao tratamento de longo prazo do que somente das orientações médicas impostas de forma puramente técnica. Essa adesão, por sua vez, depende de conexão e vínculo com esse paciente. Sem isso, o paciente pode desenvolver uma postura defensiva e de resistência a mudanças, comprometendo o resultado.

Proatividade: na APS, seja em uma estratégia de prevenção ou de gestão de doenças crônicas, uma equipe médica deve sempre ser proativa na abordagem do paciente, antecipando suas necessidades e oferecendo soluções preventivas antes mesmo que ele as solicite. Isso evita a procrastinação do paciente, elevando o seu nível de consciência e gerando mais engajamento desse paciente com o tratamento proposto.

Satisfação: a satisfação do paciente com o atendimento é fundamental para o seu engajamento e fidelização, embora lamentavelmente ela esteja cada vez pior. Ter um paciente satisfeito é muito mais do que curá-lo de uma enfermidade. Isso explica, inclusive, por que alguns pacientes podem ser gratos mesmo em desfechos não favoráveis. **O RESULTADO NÃO É O ÚNICO INDICADOR DE QUALIDADE DO MÉDICO. A MEDICINA É MUITO MAIS UM COMPROMISSO DE MEIO DO QUE DE FIM, E A SATISFAÇÃO COM O ATENDIMENTO FIDELIZA ATÉ MESMO UM PACIENTE SEM RESULTADO.**

O importante é garantir o acolhimento desse paciente durante todo o processo de tratamento. Escutá-lo mais, ter empatia e desenvolver uma relação de confiança e parceria, e nunca de hierarquia, inclusive, coletando feedbacks constantes para identificar pontos de melhoria e garantir a excelência no atendimento.

Ao adotar a estratégia RPS, a sua clínica estará não só fidelizando pacientes, tornando-os mais saudáveis, mas também conquistando a confiança deles em relação aos serviços prestados, resultando em pacientes mais engajados e que indicam a sua clínica para novos clientes, enchendo a sua agenda e escalando o seu negócio.

CLÍNICA TRADICIONAL VERSUS ECOSSISTEMA DE SERVIÇOS DE SAÚDE

Uma clínica tradicional vende atendimentos. Geralmente, o que se tem é um único CNPJ responsável por todos aqueles serviços prestados. Além de exigir um alto investimento em ativos, dificilmente essa clínica é capaz de concentrar os melhores especialistas para o seu corpo clínico.

Em um ecossistema de serviços de saúde, o foco está no acesso. Nesse modelo, diversas empresas com know-how nas suas respectivas áreas de atuação estão trabalhando em sinergia para não só me-

O RESULTADO NÃO É O ÚNICO INDICADOR DE QUALIDADE DO MÉDICO. A MEDICINA É MUITO MAIS UM COMPROMISSO DE MEIO DO QUE DE FIM, E A SATISFAÇÃO COM O ATENDIMENTO FIDELIZA ATÉ MESMO UM PACIENTE SEM RESULTADO.

lhorar o resultado e a experiência do cliente final como compartilhar serviços de suporte e eventualmente expandir novos negócios, aumentando a esteira de serviços disponíveis e agregando mais valor e comodidade a esses clientes.

Para que fique bem consolidado o entendimento da diferença entre uma clínica tradicional e um ecossistema de serviços de saúde, eu gosto de fazer um paralelo com a praça de alimentação de um shopping.

Em uma praça de alimentação, o cliente tem acesso a serviços diversos, todos em um só lugar. Essas empresas compartilham as mesas e as cadeiras daquela praça, a equipe de limpeza, o recolhimento do lixo e certamente experimentam um aumento na demanda, pois não se trata aqui de um único restaurante, mas sim de um centro gastronômico funcionando como um ecossistema que compartilha ativos, espaços e o tráfego de pessoas, reduzindo custos, atraindo cada vez mais clientes e consequentemente aumentando a receita.

Do ponto de vista da experiência do cliente, o raciocínio é o mesmo. Ele também tem acesso a um serviço melhor e mais especializado, pois certamente aquela pizzaria jamais saberia fazer um hambúrguer ou preparar o melhor sushi.

Logo, até mesmo para aquele médico que desaprendeu a ser dono do seu próprio negócio, perdendo a referência da profissão que melhor representava um profissional liberal e autônomo, e que tem medo de sair da zona de conforto (que de conforto não tem nada), considerar ter a sua clínica ou consultório dentro de um ecossistema de serviços de saúde é estar em um ambiente favorável, com networking entre empresas e pessoas com mentalidade empreendedora trabalhando em sinergia. Tudo isso em prol de uma saúde escalável.

Veja no quadro a seguir os principais benefícios de empreender em um modelo de ecossistema de serviços de saúde.

QUADRO 9.1 Benefícios de empreender em um modelo de ecossistema de serviços de saúde

Clínica tradicional	Ecossistema
1 CNPJ	Vários CNPJS
Alto investimento em ativos	*Asset lights*
Custo elevado	Economia compartilhada
Capital de giro alto	Ponto de equilíbrio antecipado
Maior risco agregado	Sinergia que reduz o risco
Jornada de empreendimento solo	Networking sem concorrência
CAC elevado	CAC reduzido
Ofertas limitadas	Esteira de serviços
Pouca recorrência	Recorrência e escala

FONTE: elaborada pelo autor.

SEGUNDA PARTE

PRINCIPAIS INDICADORES DE *GROWTH MARKETING* PARA A SUA CLÍNICA

10.
Indicadores de desempenho e estratégias de *growth* para a sua clínica

> *Não se gerencia o que não se mede.*
> William Edwards Deming

DE OLHOS NAS KPIS

Ter um modelo de clínica escalável é como usar uma estratégia de *growth marketing* para alavancar o seu negócio. É ter uma clínica comprometida com as estratégias de crescimento. Ao utilizar essa abordagem de atrair e fidelizar clientes como forma de aumentar o faturamento da sua clínica, a hierarquia de alguns indicadores de desempenho (KPIS)* será essencial para nortear suas estratégias de aquisição, engajamento e retenção.

No modelo tradicional, o que se busca é melhorar o ticket médio (vender mais caro) e aumentar a produtividade, reduzindo o absenteísmo (vender para mais pessoas). JÁ NO MODELO DE RECORRÊNCIA, TODA A SUA ESTRATÉGIA ESTARÁ ORIENTADA PARA UMA MELHOR EXPERIÊNCIA DO PACIENTE, GARANTINDO QUE ELE PERMANEÇA O MAIOR TEMPO POSSÍVEL COMO SEU CLIENTE E VALORIZANDO MUITO MAIS INDICADORES COMO NPS, LTV, CAC E *CHURN*.

* KPI (*key performance indicators*) = indicadores-chave de performance ou indicadores de desempenho.

Não é possível ter uma clínica escalável sem olhar para esses indicadores, por isso vamos detalhar cada um deles a partir de agora.

A frase "*data is a new gold*", popularizada pela Salesforce, uma empresa americana de software, reforça a ideia de que sem dados dificilmente uma empresa vai conseguir gerenciar o seu negócio orientado para o crescimento.

Em um serviço com alta demanda como os de saúde, pode até ser que algum crescimento orgânico possa acontecer, independentemente de uma gestão orientada por dados. Mas, com o marketing digital cada vez mais competitivo, mesmo para empresas de saúde que obviamente não vendem seus serviços no digital, e sim através do digital, uma clínica médica recém-criada conseguiria competir pela audiência de outra mais tradicional e experiente e crescer simplesmente usando os dados como indicadores de desempenho para tomada de decisões que vão melhorar a experiência nas várias etapas da jornada do seu paciente — estratégia conhecida como *growth marketing*.

Vou detalhar alguns dos indicadores mais utilizados no nosso modelo de negócio, principalmente quando se trata da carteira de clientes recorrentes.

NPS (*NET PROMOTER SCORE*)

Essa talvez seja a métrica mais importante para qualquer empresa. No contexto do nosso modelo de negócio, ela mede a satisfação e a lealdade dos pacientes em relação à sua clínica.

É uma ferramenta que busca responder a uma pergunta extremamente simples: "Em uma escala de 0 a 10, quanto você recomendaria nossa clínica para um amigo ou familiar?".

Com base nas respostas, o NPS classifica os pacientes em três categorias:

JÁ NO MODELO DE RECORRÊNCIA, TODA A SUA ESTRATÉGIA ESTARÁ ORIENTADA PARA UMA MELHOR EXPERIÊNCIA DO PACIENTE, GARANTINDO QUE ELE PERMANEÇA O MAIOR TEMPO POSSÍVEL COMO SEU CLIENTE E VALORIZANDO MUITO MAIS INDICADORES COMO NPS, LTV, CAC E CHURN.

1. **Promotores (pontuação de 9 a 10):** são os pacientes satisfeitos e leais, que recomendariam a clínica a outras pessoas.
2. **Neutros (pontuação de 7 a 8):** são pacientes que estão satisfeitos, mas não são entusiastas da clínica.
3. **Detratores (pontuação de 0 a 6):** são pacientes insatisfeitos, que podem prejudicar a reputação da clínica ao compartilhar experiências negativas.

O NPS de uma clínica é uma ferramenta importante para avaliar a qualidade dos serviços prestados, identificar áreas de melhoria, medir a fidelidade dos pacientes e promover a satisfação do cliente. Com base nos resultados do NPS, a clínica pode implementar ações corretivas, estratégias de fidelização e melhorias nos serviços para garantir a satisfação e a fidelidade dos pacientes e, consequentemente, a sua competitividade de mercado.

Eventualmente, é possível segmentar essa pesquisa por setores como infraestrutura, atendimento das recepcionistas e médicos, corrigindo pontos específicos de maneira muito mais assertiva.

LTV, CAC E ROI

LTV (*LIFETIME VALUE*)

Essa é uma métrica que representa o valor total que um paciente gera para a clínica em toda a sua jornada como cliente.

Considerando os pacientes já fidelizados, isso inclui, além dos pagamentos recorrentes e prospectivos, todas as consultas com especialistas, exames, tratamentos ou qualquer outro procedimento que esse paciente adquira na nossa esteira de serviços, desde que não seja um serviço terceirizado.

CAC (CUSTO DE AQUISIÇÃO DE CLIENTES)

Representa o valor médio gasto pela clínica para adquirir um novo cliente.

O CAC inclui todos os gastos com marketing, publicidade, promoções e tráfego pago, incluindo salários e as comissões dos promotores de venda ou equipe de *inside sales*, para aquelas clínicas que têm uma maior orientação voltada para vendas. Esse valor é dividido pelo número de novos clientes, e com isso você tem o CAC da sua clínica.

CALCULAR O CAC E O LTV É IMPORTANTE PARA AVALIAR A EFICÁCIA DAS ESTRATÉGIAS DE MARKETING E AQUISIÇÃO DE CLIENTES, GARANTINDO QUE GEREM RETORNO POSITIVO PARA SUA CLÍNICA.

Mas como interpretar o CAC e o LTV na prática?

É aí que entra o ROI (*return on investment*).

ROI (*RETURN ON INVESTMENT*)

$$ROI = LTV/ CAC$$

Esse é um indicador que avalia o retorno sobre o seu investimento. A depender da relação LTV/CAC, a clínica comprova ou não a viabilidade e a sustentabilidade das suas estratégias de aquisição.

Se o LTV for significativamente maior do que o CAC, isso indica um retorno positivo e com receitas mais lucrativas desse paciente ao longo do tempo.

Por outro lado, um CAC maior que o LTV (ou ROI <1) indica que a clínica está gastando mais dinheiro para adquirir pacientes do que gerando receita. Isso exige uma revisão imediata nas suas estratégias de crescimento:

CALCULAR O CAC E O LTV É IMPORTANTE PARA AVALIAR A EFICÁCIA DAS ESTRATÉGIAS DE MARKETING E AQUISIÇÃO DE CLIENTES, GARANTINDO QUE GEREM RETORNO POSITIVO PARA SUA CLÍNICA.

ESTRATÉGIA DE CRESCIMENTO NÚMERO 1: REDUZA O SEU CAC

A estratégia de buscar um CAC cada vez menor e assim aumentar o seu ROI não significa dizer que se deve diminuir o orçamento total da clínica com o seu próprio crescimento (por exemplo, marketing e vendas). A ideia é otimizar as campanhas, procurar outros canais de aquisição mais orgânicos, como *member get member* (amigo traz amigo), e assim diluir esse custo com mais clientes adquiridos.

Quanto mais clientes atraídos por aquele mesmo orçamento de aquisição, menor o CAC. Veja estes exemplos:

Clínica A: Orçamento de R$ 40.000,00
Vendas: 100 pacientes
CAC: R$ 400,00

Clínica B: Orçamento R$ 50.000,00
Vendas: 200 pacientes
CAC: R$ 250,00

Perceba que, mesmo com um orçamento maior em marketing, publicidade, tráfego pago, salário de promotores e demais custos de aquisição, o CAC da clínica B foi menor, pois ele vendeu mais e isso tende a aumentar o seu ROI.

ESTRATÉGIA DE CRESCIMENTO NÚMERO 2: AUMENTE O SEU LTV

Os pacientes da Atenção Primária à Saúde que pagam de forma recorrente podem aumentar o seu LTV simplesmente por permanecerem mais tempo ativos na sua base, ainda que eles não utilizem tanto os outros serviços.

É por isso que uma estratégia de retenção e recorrência na sua clínica, por si só, já é uma estratégia escalável. Pacientes satisfeitos têm LTV "infinito".

Além de monetizar de forma previsível e recorrente, esse cliente tem CAC zero para novos serviços da nossa esteira (*upsell e cross selling*), e isso também vai aumentar o seu LTV.

Ou seja, o cliente que paga de forma recorrente aumenta a receita quando compra mais serviços (*cross selling*), quando aumenta o seu ticket médio com upgrade do serviço recorrente (*upsell*) ou simplesmente aumentando o seu tempo de retenção.

TEMPO DE RETENÇÃO

É o tempo em que um paciente se mantém assinante de um serviço recorrente na sua clínica.

Quanto maior o tempo de retenção, mais valioso é o cliente para a sua clínica, pois, além de aumentar a receita ao longo do tempo, em geral ele se torna um defensor da sua marca, recomendando-a a outras pessoas. Uma recomendação aumenta em até 84% a chance de uma empresa vender para um novo cliente.

Essa é uma métrica que ajuda bastante a entender o ciclo de vida do seu paciente, avaliando a sua fidelidade à clínica, a eficácia das suas estratégias de retenção, além de fazer parte do cálculo do seu LTV, que nada mais é do que a receita média por usuário versus tempo de retenção.

Dois conceitos precisam ficar bem claros para uma clínica que vai utilizar o LTV, CAC e ROI como indicadores de crescimento:

(1) Não existe CAC caro. Existe CAC que não dá ROI.

Uma clínica pode ter um CAC de R$ 1.000,00, mas se esse paciente gera R$ 3.000,00 de receita líquida isso resulta em um ROI de 3 (crescimento sustentável), ou seja, uma receita de R$ 3,00 a cada real investido.

(2) A sua clínica pode faturar e crescer mais, mesmo com um ROI ligeiramente menor. Isso acontece quando um aumento no orçamento de marketing faz sentido para o fluxo de caixa.

Imagine um orçamento de R$ 50.000,00, com um ROI de 3. Isso significa que a sua clínica gerou R$ 150.000,00 de receita. Descontado o CAC, resta uma margem bruta de R$ 100.000,00.

Agora, imagine um orçamento de R$ 100.000,00, com um ROI de 2,5. Isso significa que a sua clínica gerou R$ 250.000,00 de receita. Descontado o CAC, resta uma margem bruta de R$ 150.000,00

Ou seja, mesmo com um ROI ligeiramente menor, você consegue ter uma receita líquida maior. Depois de algumas pesquisas e testes para validação de sua estratégia de crescimento, de acordo com o fluxo de caixa, você pode aumentar aos poucos o orçamento da clínica para a aquisição de novos clientes e, mesmo que ocorra uma discreta perda de performance no seu ROI (o que é perfeitamente normal), você ainda vai continuar crescendo.

GROSS MARGIN (MARGEM BRUTA OU MARGEM DE CONTRIBUIÇÃO)

A margem bruta é o quanto você ganha após a dedução de impostos sobre vendas, descontos e o custo variável com o produto ou o serviço vendido.

Calcular o seu ROI precisa levar em consideração a margem bruta, pois é ela que indica quanto de receita líquida sobra para a sua empresa investir no próprio crescimento ou pagar os custos fixos.

> **QUANDO FALAMOS DO LTV DE UM PACIENTE SEM CONSIDERAR A MARGEM DE CONTRIBUIÇÃO DO SERVIÇO VENDIDO, PODEMOS ESTAR SUPERESTIMANDO A RECEITA DO PACIENTE NO LONGO PRAZO, OU SUPERESTIMANDO O NOSSO ROI.**
>
> **O CORRETO SERIA UTILIZAR ALGO COMO O LTV "MARGEADO".**

Imagine um CAC de R$ 1.000,00 e uma receita média por usuário de R$ 3.000,00. No LTV/CAC simples, o seu ROI seria de 3.

Mas, se essa empresa ou serviço específico tem uma margem bruta (*gross margin*) de 60%, por exemplo, a sua receita líquida seria de R$ 1.800,00 (3.000 x 60%), e o seu ROI seria de 1,8. Descontado o CAC de R$ 1.000,00, restaria uma receita líquida de R$ 800,00.

Por que isso é importante?

Porque esse resultado da receita líquida é a margem de contribuição que realmente sobra para pagar os seus custos fixos.

QUANDO FALAMOS DO LTV DE UM PACIENTE SEM CONSIDERAR A MARGEM DE CONTRIBUIÇÃO DO SERVIÇO VENDIDO, PODEMOS ESTAR SUPERESTIMANDO A RECEITA DO PACIENTE NO LONGO PRAZO, OU SUPERESTIMANDO O NOSSO ROI.

O CORRETO SERIA UTILIZAR ALGO COMO O LTV "MARGEADO".

No início de uma empresa, quase sempre essa receita não é capaz de cobrir todos os custos. É isso que acontece até que a sua empresa atinja o ponto de equilíbrio – ponto a partir do qual a receita líquida compensa todos os custos fixos e a empresa começa a dar lucro.

Se nesse mesmo exemplo a margem da empresa ou do serviço fosse de apenas 5%, ela só teria R$ 150,00 de receita líquida (3.000 x 5%) para ajudar nos seus custos fixos. Perceba que esse valor não paga nem o CAC, que teria sido de R$ 1.000,00.

Portanto, nessas condições de margem bruta, R$ 150,00 é o máximo que essa empresa poderia pensar em gastar com o CAC, ainda que quisesse empatar.

Mas, considerando que o CAC tenha sido de R$ 1.000,00, o ROI foi de 0,15 (muito menor que 1). Um ROI menor que 1 mostra que a sua estratégia ou campanha está dando prejuízo e que não faz sentido continuá-la.

Conhecer a sua margem bruta é fundamental para estruturar as estratégias de investimento. Você pode até ter um ROI baixo, mas ele nunca deve estar abaixo de 1.

Com um ROI muito baixo, sobra pouca margem para pagar os seus custos fixos, e isso pode atrasar o seu ponto de equilíbrio, exigindo que você, como empresário, aporte capital de giro até que a empresa se pague. Não ter esse capital é o principal motivo pelo qual as empresas quebram. **COM UM ROI TÃO BAIXO, UMA EMPRESA PRECISA ESCOLHER ENTRE PAGAR AS CONTAS OU INVESTIR NO CRESCIMENTO. E A EMPRESA QUE NÃO CRESCE ESTÁ MORRENDO.**

Por outro lado, um ROI muito alto (acima de 5) também pode sugerir que você esteja deixando dinheiro na mesa. Nesse caso, você deve aumentar o seu orçamento de marketing e aproveitar esse resultado promissor o mais rápido possível (custo de oportunidade).

COM UM ROI TÃO BAIXO, UMA EMPRESA PRECISA ESCOLHER ENTRE PAGAR AS CONTAS OU INVESTIR NO CRESCIMENTO. E A EMPRESA QUE NÃO CRESCE ESTÁ MORRENDO.

Quadro 10.1 ROI versus Crescimento

ROI < 1: sem crescimento
ROI 1 a 3: crescimento
ROI 3 a 5: crescimento sustentável
ROI > 5: supercrescimento

FONTE: G4 Educação.

Quanto maior o ROI, mais rápidos são o ponto de equilíbrio e o crescimento da sua empresa.

MÉTRICAS ESPECÍFICAS DA CARTEIRA RECORRENTE

MRR (MONTHLY RECURRING REVENUE)

O MRR, ou receita recorrente mensal, representa a receita mensal constante que uma empresa espera receber dos seus clientes recorrentes. Esse cálculo leva em consideração a receita recorrente mensal gerada pelos clientes, excluindo receitas não recorrentes, como vendas únicas ou ocasionais. No nosso caso, é a soma da receita prevista com os contratos ativos daqueles pacientes que contrataram algum tipo de serviço recorrente na nossa clínica.

> MRR É UMA MÉTRICA DE PREVISIBILIDADE E A PRINCIPAL KPI DE UMA EMPRESA QUE TRABALHA COM RECORRÊNCIA, AJUDANDO NA TOMADA DE DECISÕES E INVESTIMENTOS FUTUROS.

Ela também é utilizada para calcular a taxa de crescimento da carteira em um período específico. Para isso, compara-se o MRR final e inicial de um determinado período para verificar quanto a sua receita recorrente aumentou, ou se aumentou. Assim, de certa forma ela avalia o sucesso do seu negócio com receita recorrente.

Cada nova venda incrementa o MRR, assim como perder clientes (*churn*) gera perda dessa receita.

MRR É UMA MÉTRICA DE PREVISIBILIDADE E A PRINCIPAL KPI DE UMA EMPRESA QUE TRABALHA COM RECORRÊNCIA, AJUDANDO NA TOMADA DE DECISÕES E INVESTIMENTOS FUTUROS.

O MRR é fundamental para empresas que buscam manter a sustentabilidade e o crescimento em longo prazo com uma base de clientes recorrentes.

> MRR = vendas − *churn*

CHURN

Por último, mas não menos importante, há o *churn*, ou taxa de *churn*.

Essa é uma métrica utilizada por empresas para medir a taxa de perda de clientes ou o cancelamento de assinaturas ao longo de um determinado período.

No nosso modelo de negócio, ele pode ser representado pela quantidade (*logo churn*) ou percentual (*churn rate*) de pacientes que abandonam o serviço recorrente em relação ao total de pacientes ativos no início de um determinado período.

NESSE CONTEXTO, UMA TAXA DE *CHURN* ALTA PODE INDICAR PROBLEMAS COM A RETENÇÃO E O ENGAJAMENTO DE PACIENTES NÃO SATISFEITOS COM A QUALIDADE DO SERVIÇO MÉDICO, ENQUANTO UMA TAXA DE *CHURN* BAIXA É GERALMENTE UM INDICATIVO DE PACIENTES SATISFEITOS E LEAIS.

O *churn* é uma métrica importante para empresas com modelos de negócio baseados em assinaturas, serviços recorrentes ou vendas repetidas, pois ajuda a avaliar a saúde e a sustentabilidade do negócio a longo prazo.

As empresas podem usar o *churn* como uma métrica-chave para identificar áreas de melhoria, implementar estratégias de retenção de clientes e manter a base de clientes saudável e crescente.

Uma coisa que se deve ter em mente é que o *churn* é inevitável e cada segmento de serviço tem o seu. Sempre existirão clientes que vão abandonar a sua empresa. A nossa meta é estar sempre abaixo da nossa média histórica, melhorando o máximo possível a retenção de clientes.

UMA TAXA DE CHURN ALTA PODE INDICAR PROBLEMAS COM A RETENÇÃO E O ENGAJAMENTO DE PACIENTES NÃO SATISFEITOS COM A QUALIDADE DO SERVIÇO MÉDICO, ENQUANTO UMA TAXA DE CHURN BAIXA É GERALMENTE UM INDICATIVO DE PACIENTES SATISFEITOS E LEAIS.

Estima-se que as PMEs (negócios de pequenas e médias empresas) tenham um *churn* de 32% ao ano, algo em torno de 3,2% ao mês.

Segundo dados da *CustomerGauge*, o *churn* pode chegar a 22% ao ano na saúde, ou cerca de 2,2% ao mês, conforme o gráfico a seguir.

Gráfico 10.2 *Churn rate* médio por segmento

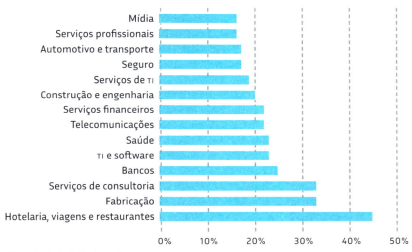

FONTE: adaptada de *CustomerGauge*.

Por mais que seja interessante termos esses valores como referência, na prática o que vale mesmo é responder à seguinte pergunta:

> Quanto de *churn* é aceitável para uma empresa?

Essa resposta depende de alguns fatores:

- modelo de negócio;
- ticket médio;
- CAC;
- público endereçável;
- capacidade de expansão da sua base.

Às vezes, você pode ter um alto *turnover* de clientes (*churn* elevado) mas mantendo uma boa taxa de crescimento à custa de uma alta performance em novas vendas, que ocorrem em serviços mais acessíveis e com público endereçável maior, embora isso nunca seja a mesma coisa, pois novos clientes vêm sempre acompanhados de um novo CAC.

Se olharmos somente para o MRR que o seu time de vendas conseguiu compensar, podemos estar mascarando sérios problemas de retenção que serão insustentáveis no longo prazo.

O QUE O *CHURN* INDICA E COMO EVITÁ-LO NA SUA CLÍNICA?

A primeira grande desvantagem do *churn* é a perda de receita projetada, pois manter um cliente ativo pode ser até dez vezes mais barato que adquirir um novo.

O *churn* elevado ainda pode indicar:

- Falta de engajamento com o serviço ou empresa;
- Imagem negativa ou perda de *branding* da empresa;
- Problema com a proposta de valor do seu serviço;
- Experiência ruim na jornada do cliente

Como evitar o *churn* na sua clínica?

- Alinhando expectativas com o seu cliente.
- Investindo em boas-vindas.
- Reforçando os diferenciais da sua clínica.
- Investindo em um setor de experiência do cliente (Cx).
- Antecipando-se a padrões que possam desencadear o *churn*, por exemplo, a procrastinação.

Já abordei a procrastinação e a cultura dos pacientes que só procuram o médico quando estão doentes. Portanto, atue de forma proativa, promovendo a importância de se manter saudável a fim de evitar doenças, eleve o nível de consciência desses pacientes e reduza a procrastinação, diminuindo assim o seu *churn*.

11.
Principais conceitos e indicadores de marketing digital para a sua clínica

Existe um livro de David Epstein* no qual o autor defende a teoria de que saber um pouco sobre várias áreas faz dos generalistas os profissionais mais bem-sucedidos do mercado, capazes de solucionar problemas a partir da conexão de ideias diversas.

Um bom modelo de negócio em saúde deve ser estruturado por uma visão 360 graus, em que o empresário não se preocupe apenas com as competências principais da prestação de serviço; tendo um mínimo conhecimento em áreas como regulamentação, planejamento tributário e gestão operacional, além da capacidade de definir e diversificar as suas fontes de receita e a segmentação do seu perfil de cliente ideal.

Mas o que vamos discutir agora impacta diretamente no comportamento de qualquer consumidor, mesmo aqueles de negócios físicos e tradicionais, como é a prestação de serviços de saúde.

SEGUNDO UMA PESQUISA DA MINDMINERS (2021), O MARKETING DIGITAL PODE INFLUENCIAR EM ATÉ 80% A DECISÃO DE COMPRA DE UM PRODUTO OU SERVIÇO, MESMO QUE A TRANSAÇÃO FINAL OCORRA NO AMBIENTE OFF-LINE. ISSO OCORRE PORQUE CADA VEZ MAIS OS CLIENTES UTILIZAM A INTERNET PARA PESQUISAR, COMPARAR E OBTER INFORMAÇÕES SOBRE UMA COMPRA.

* EPSTEIN, David. *Por que os generalistas vencem em um mundo de especialistas*. Rio de Janeiro: Globo Livros, 2020.

SEGUNDO UMA PESQUISA DA MINDMINERS (2021), O MARKETING DIGITAL PODE INFLUENCIAR EM ATÉ 80% A DECISÃO DE COMPRA DE UM PRODUTO OU SERVIÇO, MESMO QUE A TRANSAÇÃO FINAL OCORRA NO AMBIENTE OFF-LINE.

Por meio de estratégias como anúncios on-line, redes sociais, e-mail marketing, SEO (*search engine optimization*) e marketing de conteúdo, as empresas conseguem atrair, engajar e converter potenciais clientes (*leads*). Elas alcançam um público mais amplo, aumentam a visibilidade da marca, fortalecem o relacionamento com o cliente e geram *leads* cada vez mais qualificados.

Como empresário, você não precisa ser especialista em tráfego pago ou dominar todas as estratégias de um bom marketing digital, mas ignorar as principais métricas de uma campanha impulsionada pela internet pode fazer a sua empresa gastar mais do que deveria, aumentando o seu CAC e reduzindo o seu ROI.

As métricas do marketing digital avaliam o sucesso ou o insucesso das suas campanhas, evitando que você coloque dinheiro naquilo que não está performando. Assim, você otimiza as estratégias de planejamento que estejam dando maior retorno.

A avaliação de performance pode ser feita de forma detalhada a cada etapa do seu funil de conversão.

Você pode discutir com o seu time de marketing desde a criação de conteúdos que gerem mais ou menos engajamento para a sua clínica até o horário de postagens com maior ou menor interação.

Mas, neste capítulo, quero focar indicadores mais específicos e menos subjetivos. Indicadores que ajudam a monitorar a sua campanha quase em tempo real, reduzindo os achismos e ajustando-a quando for necessário.

Antes de começar, preparei um resumo para você se familiarizar com alguns conceitos.

LANDING PAGE: também chamada de "página de captura", é um site totalmente direcionado para atrair clientes, convertendo inicialmente visitantes em *leads* e, posteriormente, esses *leads* em clientes. Sua estrutura é totalmente voltada para a promoção de um determinado produto ou serviço da sua clínica, direcionando o usuário para uma ação específica. É geralmente uma estratégia de topo de funil que busca tornar a sua clínica ou serviço específico conhecida pelo maior número possível de pessoas.

CTA: abreviação de *call-to-action* (chamada para ação), é um elemento essencial em uma *landing page*, sendo um botão ou um link que geralmente direciona o usuário para um canal de vendas, ou no contexto de uma clínica ou consultório, para um canal de atendimento com o setor de agendamento. O CTA deve ser claro, direto e persuasivo, destacando-se visualmente na página para atrair a atenção do usuário, já que é fundamental para aumentar a taxa de conversão.

SEO (*SEARCH ENGINE OPTIMIZATION*): ferramenta que visa aumentar o tráfego orgânico de um anúncio ou *landing page*. É um conjunto de técnicas voltado para melhorar a visibilidade nos mecanismos de busca, atraindo visitantes de forma natural e aumentando a performance mesmo quando se tratar de um tráfego pago. Algumas dessas técnicas são:

- otimização de palavras-chave;
- conteúdo relevante e de qualidade;
- aumento da velocidade de carregamento do site;
- otimização para dispositivos móveis (*mobile first*).

O benefício é a relevância da sua marca nos mecanismos de busca, aumentando o tráfego e as conversões. O SEO é um processo contínuo que requer monitoramento e ajustes constantes para obter os melhores resultados.

TRÁFEGO PAGO: é a estratégia de direcionar visitantes para sua *landing page* por meio de anúncios pagos. Sua clínica investe uma quantia específica para exibir anúncios em destaque. É uma forma mais rápida e eficaz de atrair visitantes do que somente o SEO. Você ainda pode segmentar o público-alvo por interesse, comportamento e localização, alcançando potenciais clientes de forma mais direcionada e assertiva. Obviamente essa estratégia requer um investimento financeiro, e a sua empresa precisa planejar de acordo com o orçamento, evitando um CAC elevado que prejudique o retorno. Mas, se o ROI estiver alto, vale a pena aumentar o investimento e consequentemente gerar mais visibilidade, tráfego e conversões.

INBOUND MARKETING: nome dado ao conjunto de estratégias de marketing digital que visa atrair, converter e encantar clientes por meio da criação de conteúdo que seja interessante para o seu público-alvo. Uma das premissas do *inbound marketing* é o foco no cliente e na criação de um relacionamento mais duradouro, construindo confiança e autoridade para a sua marca. Esse modelo tem total alinhamento com as estratégias de marketing dos serviços de saúde.

INSIDE SALES: abordagem de vendas que ocorre dentro da empresa, sem a necessidade de visitas presenciais aos clientes. Uma equipe de *inside sales* utiliza um CRM (*customer relationship management*) para organizar os seus *leads* e abordá-los por meio de ligações telefônicas, WhatsApp, e-mail marketing ou videoconferências. Esses vendedores conseguem realizar todo o processo de vendas ou, muitas vezes, qualificar esses *leads* para um fechamento mais eficiente, que pode acontecer no ambiente físico, estratégia geralmente utilizada por clínicas escaláveis. O *inside sales* é uma alternativa que reduz os custos em relação às vendas tradicionais. Os vendedores conseguem ser mais produtivos, abordando muito mais *leads* por dia, e todo o processo pode ser mensurado para analisar estatísticas de conversões por vendedor ou equipe. É muito importante que a sua clínica ou o ecossistema invista nesse setor, ou que, minimamente, uma secretária seja treinada em vendas e CRM. **TODA SECRETÁRIA DE CLÍNICA DEVERIA SER TREINADA EM VENDAS.**

TODA SECRETÁRIA DE CLÍNICA DEVERIA SER TREINADA EM VENDAS.

LEADS: termo utilizado para se referir a potenciais clientes. São pessoas em diferentes estágios da jornada de compra que podem ser nutridas de informações, elevando seu nível de consciência até a tomada de decisão. Quanto mais *leads*, mais chances de vender o seu produto ou serviço. Mas cuidado! **LEAD RUIM GERA VENDA RUIM.** Se você não qualifica os seus *leads* por meio de estratégias de *inbound marketing* que elevem o nível de consciência desses potenciais clientes, você acaba atraindo para esse funil de conversão clientes totalmente desalinhados com a sua oferta. E isso pode não só prejudicar a sua estatística de conversão quanto aumentar o seu *churn* numa eventual venda que ocorreu por impulso, mas que aquele cliente não qualificado vai cancelar em um determinado momento.

Agora, vamos falar sobre os indicadores mais relevantes numa campanha de marketing digital para a sua clínica.

TAXA DE CONVERSÃO

Uma das principais métricas de uma campanha de *inbound marketing*, a taxa de conversão mede a eficácia de uma estratégia de marketing digital ao transformar visitantes em *leads* (potenciais clientes) ou *leads* em clientes, dependendo da etapa do funil. Definido o objetivo anterior, basta utilizar a fórmula a seguir.

> Taxa de conversão = (quantidade de conversão/ audiência total) × 100

É essencial analisar e acompanhar uma taxa de conversão, pois quando ela estiver baixa pode sugerir um ajuste ou uma revisão de alguma etapa do funil ou até mesmo da sua estratégia inteira.

LEAD RUIM GERA VENDA RUIM.

CUSTO POR *LEAD* (CPL)

É o custo total da campanha dividido pelos *leads* gerados. Esse *lead* ainda não precisa necessariamente ter sido convertido em venda, mas, como ele já foi impactado pela sua ação de marketing, isso teve um custo.

Quanto menor for o custo por *lead*, mais eficiente e rentável será a sua campanha. Campanhas em nichos com muita concorrência podem aumentar o CPL, funcionando como se fossem um leilão pela audiência desse potencial cliente.

Nessas situações, as empresas disputam acirradamente esses *leads* qualificados, e os seus custos com publicidade aumentam, elevando o CPL.

O ideal é utilizar estratégias de segmentação e personalização para otimizar a sua campanha e reduzir os seus custos, gerando um melhor retorno sobre o investimento. Por exemplo, as segmentações demográficas, geográficas, psicográficas, comportamentais etc.

TAXA DE CLIQUES (CTR)

É uma métrica que mede a eficácia de um anúncio on-line em atrair cliques de acordo com o número de impressões (quantidade de vezes em que o anúncio foi exibido).

> CTR = número de cliques × 100/ número de impressões

Essa taxa indica quanto o seu anúncio ou o criativo (imagens, áudios, vídeos ou outros formatos exibidos aos usuários) são relevantes ou persuasivos para o seu cliente. Geralmente um CTR baixo indica um criativo ruim.

Isso é importante porque, às vezes, você acredita que uma campanha não está gerando engajamento para sua clínica, mas na verdade o que você tem é só um criativo ruim.

VISUALIZAÇÕES DA PÁGINA

Nem todo mundo que clica num anúncio visualiza a sua página.

Visualização é a quantidade de vezes que um visitante acessou a página do seu site ou o *landing page*.

É preciso esperar a página carregar, e, acredite se quiser, muita gente não espera. Cada carregamento de página conta como uma visualização.

O Google Analytics é uma ferramenta gratuita que monitora dados de tráfego no site de uma empresa, avaliando seu desempenho e nos ajudando em tomadas de decisões que podem melhorar os resultados do marketing digital.

Os resultados dessa análise podem avaliar se existe um bom tráfego no site, o que indica que os esforços de SEO podem estar funcionando.

Mas cuidado.

Cada recarregamento feito pelo mesmo cliente conta como uma nova visualização. Portanto, esteja atento à estrutura do seu site e a possíveis problemas de carregamento.

O ideal é que um carregamento do site ocorra em até dois segundos ou menos. Sites com mais de três segundos de carregamento perdem quase metade dos visitantes. Ou seja, o "simples" tempo de carregamento do seu site influencia no interesse do seu cliente.

Veja que existem vários gargalos na jornada de um potencial paciente atraído pelo marketing digital. O seu criativo, as estratégias de otimização de busca (SEO) e até mesmo o tempo de carregamento do seu site podem influenciar na capacidade de gerar mais ou menos *leads*, e isso influencia diretamente no resultado e no custo das suas campanhas de marketing.

Esteja atento, discuta essas métricas principais com a sua equipe de assessoria em marketing digital e reduza seu CAC, aumentando o seu ROI.

MEMBER GET MEMBER (MGM)

Essa não é uma estratégia de marketing digital, mas sobretudo em serviços recorrentes e físicos ela funciona muito bem. Popularmente traduzida como uma campanha na qual "amigo traz amigo", o MGM é uma estratégia boca a boca pela qual clientes promotores, satisfeitos e engajados, incentivam e recomendam uma empresa para novos clientes. Isso pode ser feito de forma espontânea ou mediante recompensas tanto para o antigo cliente quanto para o novo.

O MGM expande a sua base, utilizando a influência e a indicação de clientes antigos (prova social) que aumentam em até 84% a chance de uma nova conversão.

Treine sua equipe de vendas para saber o melhor momento de abordar um cliente e pedir indicação. Nunca seja invasivo. Utilize sempre o gatilho da reciprocidade. Seja genuíno na entrega de uma experiência encantadora e a indicação será uma consequência natural.

TERCEIRA PARTE

UMA REVISÃO SOB A ÓTICA DO MÉDICO COM MENTALIDADE EMPREENDEDORA

12.
Papo reto com os doutores

> ### Consultório não é um negócio escalável
>
> Cansado da rotina de plantões e de trabalhar exclusivamente para os planos de saúde, eu sempre fui um médico inquieto que desejava ter e escalar o meu próprio negócio. Mas eu não queria um modelo que dependesse exclusivamente do meu conhecimento técnico. Eu queria liberdade financeira e de tempo, e não ser um funcionário da minha própria empresa.
>
> Entendi cedo que o modelo de consultório não me atenderia e idealizei um ecossistema de serviços de saúde com vários profissionais e empresas compartilhando ativos e entregando mais valor aos pacientes. Essa sinergia de serviços aumentaria a adesão e o engajamento desses pacientes, que se tornariam clientes fidelizados desse ecossistema.

UM "QUÊ" A MAIS

Eu tive o cuidado de mencionar que este não é um livro sobre medicina, mas sim sobre empreendedorismo na saúde.

Tudo que foi abordado até aqui se refere a um conjunto de estratégias de gestão de um ecossistema de saúde escalável. Apresentei um método com os quatro pilares do nosso modelo de negócio e falei sobre como implementar e interpretar os principais indicadores de *growth* para gerar crescimento sustentável para a sua clínica.

Na introdução, pedi que você lesse o livro se imaginando como um empresário que administra ativos e soluções para esse ecossistema. Repare que em momento algum o meu foco esteve no médico, e isso foi intencional. Pelo menos até agora.

De fato, não precisa ser médico para empreender com uma clínica, assim como não precisa ser professor de inglês para empreender no ramo de idiomas. Em ambos os casos o foco está em habilidades que vão muito além do seu treinamento técnico. No mundo do empreendedorismo, se destaca aquele que sabe gerir, liderar, vender mais e pelo melhor preço, mas ganha o jogo aquele que sabe atrair, engajar e fidelizar clientes, seja qual for o seu ramo de negócio.

É justamente com base nesse último ponto que eu acredito que ser médico pode, sim, ter um "quê" a mais.

DE "CRM" PARA CRM: A VANTAGEM COMPETITIVA DO MÉDICO EMPREENDEDOR

Uma empresa que não investe em um CRM (*customer relationship management*) para otimizar e humanizar a gestão de relacionamento com seus clientes não tem a menor chance em um mercado cada vez mais competitivo e exigente.

Mas o relacionamento humanizado é milenar na medicina.

Curiosamente, CRM é também a sigla do nosso registro médico no Conselho Regional de Medicina. Um registro que chancela, além do conhecimento técnico, anos de habilidade no compromisso com o nosso paciente/cliente. Somos treinados em habilidades de relacionamento desde o primeiro dia de faculdade.

Eu desafio algum serviço a envolver uma relação mais humanizada e intensa do que a relação médico-paciente.

Além do mais, uma boa relação médico-paciente geralmente é duradoura. É quase como um casamento ou sociedade. E ter uma relação duradoura com o cliente é tudo que uma empresa precisa para maximizar LTV/CAC e crescer de forma escalável.

COMO MÉDICO QUE DESEJA EMPREENDER, VOCÊ PRECISA TRATAR O SEU PACIENTE COMO UM CLIENTE. TODO NEGÓCIO COM CLIENTE SATISFEITO É UM NEGÓCIO QUE CRESCE E ESCALA MAIS RÁPIDO.

O PROJETO-PILOTO

Ter um consultório particular geralmente é o projeto-piloto de um médico que deseja empreender. Ele não quer mais ser refém dos planos de saúde e decide criar uma nova realidade de trabalho onde possa ser o dono da sua própria agenda, finalmente exercendo a medicina com autonomia e "liberdade".

Eu também passei por esse ponto de inflexão. De alguma forma, sentia que estar onde estava não era o que eu tinha idealizado como profissão. A rotina desgastante dos plantões e a falta de tempo para a família me conectavam com uma qualidade de vida e autoestima extremamente baixas, apesar de um salário bem acima da média para a maioria da população.

É lógico que ganhar um salário acima da média traz uma série de confortos. Mas esse salário é também um grande "problema" para o médico que deseja empreender. Não bastassem os medos e riscos naturalmente enfrentados por qualquer empreendedor, especialmente o médico, por ganhar bem, ele se sente em uma "gaiola de ouro", o que dificulta ainda mais a sua tomada de decisão em voar para novos desafios. Pior ainda, quando a gente fica preso em um círculo vicioso de receitas e despesas recorrentes, literalmente gastando tudo aquilo que ganha.

No próximo parágrafo, eu vou ler a sua mente e escrever os três principais motivos pelos quais você ainda não desenvolveu a coragem para empreender como médico:

*COMO MÉDICO QUE DESEJA EMPREENDER, VOCÊ PRECISA TRATAR O SEU PACIENTE COMO UM CLIENTE.
TODO NEGÓCIO COM CLIENTE SATISFEITO É UM NEGÓCIO QUE CRESCE E ESCALA MAIS RÁPIDO.*

1. Medo de trocar o certo pelo duvidoso e de não conseguir pagar todas as despesas do seu consultório. E realmente não são poucas.
2. Falta de planejamento e conhecimento sobre gestão, liderança, marketing e vendas. Habilidades que infelizmente você não aprendeu na faculdade ou na residência, mas de que vai precisar na sua empresa.
3. Medo do preconceito e do julgamento alheio de que empreender na medicina não seja ético, uma crença gerada pela visão ultrapassada de que a medicina é um sacerdócio.

Esses três são motivos clássicos e perfeitamente compreensíveis na sua jornada de maturação da mentalidade empreendedora. Mas, para mim, existiu ainda outro fator limitante. Ele é mais comum do que parece, e eu o explicarei a seguir.

A ARMADILHA DO POSICIONAMENTO

Quando olhamos para o mercado dos médicos que empreendem exclusivamente em consultórios particulares, nós observamos uma coisa em comum: todos eles têm um posicionamento de influência e *branding* pessoal de destaque em sua cidade, bairro ou pelo menos nas redes sociais.

Passa a fazer parte da rotina desse médico um estilo de vida mais parecido com o de uma celebridade do que de um profissional de saúde. É mais marketing médico do que marketing de serviços médicos.

É inegável que isso funciona, afinal o mais conhecido vence o melhor. Mas será que o médico-raiz quer mesmo ter esse tipo de *lifestyle*? Será que empreender na medicina é ter que necessariamente se tornar influente?

A resposta é: depende do seu nicho.

Eu conheço vários médicos bem-sucedidos que nem sequer têm Instagram, ou têm a conta fechada, como era o meu caso alguns meses antes de começar a escrever este livro.

Acredite: se o mais conhecido vence o melhor, o modelo de negócio vence o mais conhecido.

Essa reflexão foi um divisor de águas, e eu posso afirmar que é possível ter resultados dez vezes maiores do que você tem hoje, sem necessariamente precisar de audiência.

> A VERDADEIRA INFLUÊNCIA DE UM MÉDICO SE CONSTRÓI NA SUA RELAÇÃO MÉDICO-PACIENTE. UMA RELAÇÃO CAPAZ DE ENGAJAR, FIDELIZAR E ATRAIR MUITO MAIS PACIENTES DO QUE QUALQUER ESTRATÉGIA DE *PERSONAL BRANDING* E MARKETING DIGITAL.

Além do mais, a armadilha do posicionamento te obriga a precificar a sua consulta de acordo com a sua influência. Sinceramente, se o médico não perder a sua essência, se continuar exercendo uma medicina ética e baseada em evidências, não há por que ter nada contra esse modelo. Mas a verdade é que, quanto mais influente, mais você fica limitado a um nicho de pacientes igualmente elitizados que fogem completamente do oceano azul daqueles 170 milhões de brasileiros que não têm plano de saúde nem podem pagar por uma consulta de alto valor. E, certamente, são eles os que mais precisam dos seus serviços. Um universo muito maior e paradoxalmente muito menos explorado pela vertente do setor liberal tradicional, que parece só existir para o nicho das clínicas de medicina estética, soroterapia ou algumas outras "soluções" em saúde.

Já percebeu como as clínicas odontológicas em geral são mais escaláveis? Isso acontece porque elas atendem pacientes reais e empreendem resolvendo problemas de verdade.

É para esses mesmos pacientes que o meu modelo de negócio foi criado, e eu posso afirmar: é muito mais fácil atingir os seus objetivos quando você resolve o problema de um mercado endereçável gigante como esse.

É importante salientar, todavia, que um produto ou serviço deve ser criado ou ajustado de acordo com o entendimento sobre qual o nicho que se queira atingir. No contexto do empreendedorismo médico, a depender desse nicho o seu posicionamento como prestador de serviços muda, inclusive influenciando na sua estrutura.

A VERDADEIRA INFLUÊNCIA DE UM MÉDICO SE CONSTRÓI NA SUA RELAÇÃO MÉDICO-PACIENTE. UMA RELAÇÃO CAPAZ DE ENGAJAR, FIDELIZAR E ATRAIR MUITO MAIS PACIENTES DO QUE QUALQUER ESTRATÉGIA DE PERSONAL BRANDING E MARKETING DIGITAL.

CONSULTÓRIO VERSUS CLÍNICA

Existem dois tipos de estrutura para empreender na medicina, se concentrando no atendimento a pacientes particulares:

1. **Consultório:** um negócio personalíssimo, altamente dependente da expertise do médico empreendedor e pouco escalável. Geralmente depende de um médico especialista, com autoridade e influência relevantes. Funciona bem no modelo *high ticket*.
2. **Clínica:** um ecossistema despersonalizado onde 1 + 1 = 3. Normalmente é uma companhia feita de médicos e empresas de saúde que se relacionam de forma mútua e, assim, criam mais valor. Um modelo muito mais escalável para o *core business*, que agora tem a sinergia entre especialidades, com serviços que dão suporte às atividades principais, e ainda com a possibilidade de expandir novos negócios que podem melhorar a experiência do cliente final. Não existe o caráter personalíssimo de um único profissional, e nem sempre é um médico o gestor desse ecossistema.

Mas a jornada geralmente percorrida é a seguinte: o médico investe em um consultório como projeto-piloto e, mediante o sucesso do seu negócio, ele cresce e monta uma clínica.

Esse médico vai enfrentar sérias dificuldades para despersonalizar os seus serviços. Assim, ou ele fica preso na operação ou corre o risco de comprometê-la.

Nesse modelo de negócio que considero equivocado, uma clínica é sempre a expansão de um consultório que deu certo. Mas e se o consultório não der certo? Será que esse realmente é o único caminho?

ECOSSISTEMA DE SERVIÇOS DE SAÚDE

Como médico empreendedor, escolhi não ter um modelo de negócio personalíssimo como um consultório médico exercendo a função de um projeto-piloto, e também não quis fazer da influência um pilar capaz de interferir nos meus resultados. Na verdade, até tive um consultório, que acabei fechando alguns anos antes de empreender no modelo de ecossistema, mas nunca houve uma expansão ou uma transição entre eles, que no meu entender são completamente distintos.

Um consultório tem a consulta médica como seu "produto" final. E, para que essa consulta gere algum tipo de retorno sobre o investimento, a única solução é aumentar o ticket médio, o que acaba afastando potenciais clientes particulares, reduzindo o seu nicho àqueles poucos clientes da classe A que poderiam pagar por esse aumento.

Essa mesma consulta em um modelo de ecossistema pode ser o seu "produto" de entrada em uma estratégia de venda *tripwire*, que utiliza um produto "isca" de baixo custo, mas que tem grande potencial de atrair clientes para a sua base, reduzindo o atrito para eventuais vendas de serviços mais caros e especializados da sua esteira.

ESSE PRODUTO "ISCA" NEM SEMPRE COMPENSA O SEU CUSTO DE AQUISIÇÃO DE CLIENTES (CAC), MAS ELE PODE SER PARTE DO SEU "PREJUÍZO ESTRATÉGICO" PARA ALAVANCAR VENDAS ADICIONAIS.

Lógico que existia um propósito por trás da minha decisão de pivotar o meu modelo de empreendedorismo médico, renunciando ao consultório e investindo em um modelo baseado em recorrência e ecossistema. Eu sabia qual era o nicho que eu gostaria de alcançar. Entendi a dor e as demandas desse universo de clientes e construí uma solução para eles, e não só para encher a minha agenda. O resultado foi a combinação perfeita da escalabilidade com o *low-hanging fruit*.*

O atual modelo de intermediação na saúde não foi feito para dar certo. A lógica de consulta, retorno e alta não gera satisfação do paciente e tampouco do médico, muitas vezes mal remunerado e dis-

* *Low-hanging fruit* = expressão que se refere a algo que é "mais fácil de se obter".

ESSE PRODUTO "ISCA" NEM SEMPRE COMPENSA O SEU CUSTO DE AQUISIÇÃO DE CLIENTES (CAC), MAS ELE PODE SER PARTE DO SEU "PREJUÍZO ESTRATÉGICO" PARA ALAVANCAR VENDAS ADICIONAIS.

tante do propósito que fez ele escolher a medicina como profissão. No fundo nós queremos a mesma coisa que o paciente, afinal, o salário emocional de um médico quando resolve a dor de um paciente é maior do que qualquer honorário.

Apesar de trabalhar com um ticket médio mais acessível para atender também os pacientes das classes C e D, o modelo de recorrência e o LTV desses pacientes me trouxeram escalabilidade e uma margem de contribuição muito maior do que aquela que existiria em uma consulta *high ticket* isolada. Hoje, a Cia do Médico fatura oito dígitos por ano, com uma margem de contribuição na carteira recorrente que ultrapassa os 50%. Somos um ecossistema feito de médicos e empresas de saúde com autonomia e personalidade jurídica, compartilhando espaços e serviços de gestão.

Ao adotar um modelo como esse, os fantasmas do empreendedorismo simplesmente desaparecem:

1. O medo de não conseguir pagar as contas do seu consultório dá lugar a um modelo de negócio com custos reduzidos, por meio do compartilhamento de ativos com outros médicos.
2. A falta de conhecimento sobre gestão, liderança, marketing e vendas é resolvida com a terceirização desses serviços para todos os parceiros.
3. Por fim, não existe mais preconceito quando você se torna parte de um ecossistema de serviços que realmente entrega valor aos pacientes que mais necessitam.

Logo, a depender do seu nicho e posicionamento, se você acredita, assim como eu, que é possível empreender com resultados expressivos, exercendo a mesma medicina de excelência consumida pela classe A, agora acessível para as classes C e D, talvez um consultório tradicional não seja o mais adequado para você começar.

Além do mais, o próprio caráter personalíssimo de um consultório já é um fator limitante para o seu crescimento. Ainda que sejam consultas *high ticket*, existe um limite de horários na sua agenda, além do qual você não consegue mais escalar receitas. É nessa hora que você percebe que tem lucro, mas não tem liberdade.

Acredite. O lucro não é o último nível do seu negócio. O lucro e a liberdade, sim, devem ser o seu foco.

TENHA LIBERDADE FINANCEIRA E DE TEMPO

A saúde é um dos melhores mercados para empreender. Mercado endereçável gigante, baixa tributação, margens elevadas e um Estado que falha na solução dos problemas. Poucos negócios são tão promissores quanto esse.

Mas, se você quer ter liberdade financeira e de tempo, exercendo uma medicina de qualidade, se conectando com os nobres motivos que te fizeram ingressar em uma faculdade de medicina alguns anos atrás, tenha cuidado para não se tornar um funcionário do seu próprio negócio.

No cenário de um consultório, você está em desvantagem até mesmo em relação a um médico CLT. Você não tem férias, nem benefícios e nem sequer pode ficar doente ou fazer uma viagem mais longa, pois estaria comprometendo toda a sua receita.

Conheço vários colegas médicos que comprometem a saúde e a família, sofrendo com burnout, ansiedade e depressão, trabalhando dobrado ou aumentando os plantões toda vez que desejam ter um "conforto" maior, seja para trocar de carro ou reformar a casa.

Não! Você não errou a profissão, nem a especialidade. Você só está insistindo em um modelo de negócio que não traz resultados.

Investindo em uma clínica escalável, você é um gestor estratégico do seu modelo de negócio, tendo liberdade de agenda e atuando como médico sem o compromisso de ter que pagar os boletos.

Eu acredito que o médico tem diversas vantagens competitivas para empreender. Poucas faculdades treinam simultaneamente em habilidades técnicas e de relacionamento como faz a medicina.

Empatia, acolhimento e comunicação eficaz são algumas das habilidades de relacionamento essenciais para criar uma experiência positiva e de alto valor para o paciente, o que pode resultar em maior engajamento, retenção, indicação e crescimento escalável.

Além do mais, ter um bom capital financeiro e intelectual te permite assumir riscos com mais segurança e disciplina, e a sua indiscutível autoridade tem alto poder de persuasão para contornar objeções, gerar mais adesão e aumentar o LTV dos seus pacientes.

Faça parcerias com colegas de outras especialidades. Eles provavelmente estão com os mesmos desejos e receios que os seus. Crie uma ambiência favorável e se relacione com pessoas de mentalidade empreendedora. Monte o seu ecossistema. São essas características que levarão você para o próximo nível – o nível do lucro e da liberdade verdadeira.

QUEM FOI QUE DISSE QUE EMPREENDER PRECISA SER UMA JORNADA SOLO?

Nesse ecossistema, invista em compartilhamento e junte o maior time de médicos especialistas possível. Crie um networking sem concorrência entre eles. Isso é muito importante.

Essa estratégia, além de reduzir seus custos, atrai e retém muito mais pacientes.

Se eu pudesse dar um último conselho, conhecendo por experiência própria tudo o que você passou para chegar até aqui, eu usaria esta frase do Walt Disney: "Não deixe que os seus medos tomem o lugar dos seus sonhos". E papo reto?

Ponto-final!

Posfácio:
Sorvete de Morango

Saúde, família e trabalho. Não inverta a ordem.
Joel Jota

Essa frase nunca fez tanto sentido para mim como faz agora.

Tive dúvidas sobre incluir ou não este posfácio em um livro sobre negócios. Mas como ignorar um drama pessoal que me acometeu justamente quando estou editando o meu primeiro livro? Será que eu estaria sendo honesto com vocês, leitores?

Ao longo dos capítulos, abordei o papel do empreendedor, do médico e do paciente e agora, por ironia do destino, me vejo sentado nessas três cadeiras para escrever esse *grand finale*.

O livro já estava praticamente pronto. Uma cópia já havia sido enviada para a leitura crítica do meu mentor, Anderson Cavalcante. No dia 4 de abril de 2024, o dia do seu aniversário, recebi no meu WhatsApp o feedback positivo dele, e esse foi um dia muito especial para mim.

Mas a vida é uma montanha-russa de emoções, e o que aconteceu comigo no dia seguinte é a prova disso.

Acordei cedo para fazer um exame de colonoscopia eletivo. Não tinha nenhuma queixa específica, mas já fazia um tempo que comentava com a minha esposa que gostaria de fazer esse exame.

Olhando em retrospectiva, é fácil deduzir que algo espiritual e além da nossa compreensão terrena me colocou esse chamado. Mas a verdade é que eu poderia estar até hoje sem fazê-lo. Devo ter perdido uns seis meses adiando, até que chegou o dia.

Para ser sincero, o preparo não funcionou muito bem, e fiquei pelo menos mais duas horas na clínica ingerindo manitol para limpar o intestino, que deveria estar totalmente viável para o exame.

Dentro da minha "suíte master", eu e minha esposa nos divertíamos com a situação inusitada. Temos até vídeo de dancinha com o meu roupão "de luxo".

Eu literalmente estava "cagando e andando". Era um gole no manitol, uma caminhada no corredor para induzir peristalse e já voltava correndo para o banheiro. Tinha até fiscal de merda monitorando cada evacuação.

É, meus amigos. Paciente sofre!

Mas até que deu tudo certo e eu fui liberado para o exame. Como era uma anestesia com sedação, eu não poderia dirigir e precisava de um acompanhante até a volta para casa.

Com todo o atraso no atendimento, minha esposa precisou levar meu filho ao futebol e minha mãe veio rendê-la. Quando acordei da anestesia, já era minha mãe que estava lá. Aguardamos alguns minutos até que a médica veio conversar com a gente.

Sentamos eu e minha mãe, e a médica começou a falar que tinha visto e biopsiado uma lesão retal com alta probabilidade de malignidade.

Eu lembro de ter ouvido calado, sem fazer nem uma pergunta, torcendo para que que a minha mãe não tivesse percebido a gravidade da notícia. Minha cabeça já trabalhava em tudo que eu iria começar a fazer ainda naquele dia. Mas eu não poderia demonstrar fraqueza ou preocupação. Pelo menos não ali, naquela hora.

Fiquei tão apático que a médica precisou perguntar se eu havia entendido a gravidade do laudo que ela acabara de ler. Afirmei positivamente com a cabeça, agradeci e saímos.

Apesar de o resultado da biópsia sair apenas cinco dias depois, a característica endoscópica da lesão era muito sugestiva de câncer, e o diagnóstico se confirmou como adenocarcinoma de reto.

Caramba! E agora? Nunca estive desse lado. O que eu faço? Choro? Fico com raiva? E a minha família? Os meus projetos? Paro com tudo?

Era tanta coisa acontecendo ao mesmo tempo... Formatação da nossa marca como franquia, reta final da nossa unidade modelo há dois anos em obras e prevista para inaugurar em dois meses, matrícula paga para participar da imersão do Acelerador Empresarial no mês seguinte, mentoria, livro sendo escrito.

Mas como ficaria o meu psicológico naquele momento?

Eu sempre me achei uma pessoa otimista, daquelas que ajustam as velas do barco em meio à tempestade e sempre enxergam o copo meio cheio. Mas será que eu conseguiria manter esse otimismo em meio a todo esse caos?

Foi aí que comecei a só focar no lado positivo do que eu estava passando.

É lógico que fiquei muito triste. Não sou nenhum super-herói.

Mas, ainda assim, tinha muita coisa para agradecer. Agradecer por ter sido comigo, e não com alguém que eu amo mais que a mim mesmo. Agradecer por ter descoberto em uma fase precoce e sem metástases a distância, por ter conhecimento e acesso a bons tratamentos, por ter alta curabilidade e, principalmente, por saber que isso se tornaria um divisor de águas para melhorar como pessoa.

Veja como funciona a minha cabeça! Eu agora já mentalizava vibrações positivas e, apesar de alguns ajustes da minha rotina e da minha agenda, eu decidi que não iria parar. Aliás, decidi que aproveitaria o período "sabático" para tocar um projeto de desenvolvimento pessoal, que eu já havia adiado algumas vezes.

A frase do Joel Jota começou a fazer total sentido para mim, então deleguei muitas funções da minha empresa. O trabalho agora era o terceiro lugar no pódio da vida. Saúde e família ganharam de vez o protagonismo que já mereciam. Era o teste de fogo dos meus processos, que, apesar de bem estruturados, ainda tinham muito do que conhecemos como "dono-dependência".

Eu agora teria mais tempo para cuidar de mim, da minha saúde, mas de quebra estaria validando tudo o que este livro mostrou até aqui sobre ter lucro e liberdade em uma clínica escalável e autogerenciável.

A ideia de que um modelo não dependente da atuação operacional do dono funcionaria seria confirmada pela dor e pelo drama pessoal do próprio autor. Que maneira inusitada de validar uma tese, não acha?

Mas eu resolvi mergulhar ainda mais fundo na minha descoberta pessoal.

Firmei uma nova mentoria individual com o Anderson Cavalcante. Não existiria momento mais apropriado para responder à seguinte pergunta: "O que realmente importa?".

Imagine descobrir isso sendo mentorado pelo próprio autor desta obra!

Quanto ao tratamento proposto, foram 25 sessões de radioterapia, 8 ciclos de quimioterapia e uma cirurgia no final do ano, incluindo uma bolsa de colostomia.

As idas ao hospital me conectaram com muitas histórias na sala de espera. O vovô que chegava sozinho para o tratamento. A mulher ranzinza acompanhada da filha. Uma história, porém, me chamou a atenção desde o primeiro dia. Uma menina linda, de uns dez anos de idade, com uma alegria e um sorriso constrangedor fazendo seu tratamento pela segunda vez, pois o câncer dela havia recidivado.

Como Deus permite que essas coisas aconteçam com crianças?

No semblante daqueles pais, percebi que o meu drama era muito menor que o deles. Ela usava quase sempre um conjuntinho de moletom rosa, e seu apelido dado pela equipe técnica era Sorvete de Morango.

As sessões de radioterapia dela acabaram cerca de uma semana antes das minhas. E sempre que se chega ao final de um ciclo como esse a equipe faz uma festinha e entrega um certificado de coragem.

Eu comprei um presente para ela. Um fone de ouvido rosa para ela usar no tablet que levava todos os dias para passar o tempo.

Ela ficou muito feliz, e eu mais ainda. Que abraço gostoso que a gente se deu...

Voltando ao meu caso, uma das coisas que me chamaram a atenção logo no início foi o cronograma de tratamento, atendimento, acompanhamento e exames.

No início de maio, eu já sabia exatamente as datas de tudo o que iria fazer até o fim do ano. Já estava tudo ali, em uma única planilha.

A responsabilidade compartilhada entre mim e os médicos era o exemplo real e prático de uma relação contratualista que defendo neste livro como a única forma de evitar a procrastinação de um paciente, colocando o médico em uma posição mais proativa na jornada de um tratamento crônico.

Ter a companhia do médico é o propósito desse modelo baseado em recorrência que eu apresentei neste livro. É uma pena que isso só seja executado em casos supostamente mais graves como esse.

Se todas as doenças crônicas fossem conduzidas com tratamento e acompanhamento contínuos, as chances de evitar intercorrências e desfechos desfavoráveis graves seriam muito maiores.

Hoje tenho ainda mais certeza de que um modelo baseado em recorrência é bom para a sua clínica e melhor para o paciente. E digo isso como a prova social de quem está, neste exato momento, nas duas posições.

Meus negócios continuam performando, mesmo na minha ausência há mais de oito meses.

Para terminar, eu gostaria que você me respondesse uma pergunta com toda a sinceridade:

A SUA EMPRESA TAMBÉM TERIA SAÚDE PARA ISSO?

de um **ecossistema completo** de saúde com **margem, escala e recorrência.**

Aponte a câmera para o QR code e conheça mais sobre nosso modelo de negócio

@redeciadomedico

@grupociadomedico

Fontes RICHMOND, INRIA SANS
Papel ALTA ALVURA 75 G/M²
Impressão IMPRENSA DA FÉ